本书由
中央高校建设世界一流大学（学科）
和特色发展引导专项资金
资助

中南财经政法大学"双一流"建设文库

中 | 国 | 经 | 济 | 发 | 展 | 系 | 列 |

上市公司履行企业社会责任的研究

龚玉晶　著

中国财经出版传媒集团
经济科学出版社
Economic Science Press

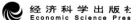

图书在版编目（CIP）数据

上市公司履行企业社会责任的研究/龚玉晶著．
—北京：经济科学出版社，2019.12
（中南财经政法大学“双一流”建设文库）
ISBN 978－7－5218－1113－1

Ⅰ.①上…　Ⅱ.①龚…　Ⅲ.①上市公司－企业责任－
社会责任－研究－中国　Ⅳ.①F279.246

中国版本图书馆 CIP 数据核字（2019）第 286937 号

责任编辑：何　宁
责任校对：齐　杰
版式设计：陈宇琰
责任印制：李　鹏

上市公司履行企业社会责任的研究
龚玉晶　著
经济科学出版社出版、发行　新华书店经销
社址：北京市海淀区阜成路甲 28 号　邮编：100142
总编部电话：010－88191217　发行部电话：010－88191522
网址：www.esp.com.cn
电子邮箱：esp@esp.com.cn
天猫网店：经济科学出版社旗舰店
网址：http://jjkxcbs.tmall.com
北京季蜂印刷有限公司印装
787×1092　16 开　12.75 印张　210000 字
2019 年 12 月第 1 版　2019 年 12 月第 1 次印刷
ISBN 978－7－5218－1113－1　定价：52.00 元
（图书出现印装问题，本社负责调换。电话：010－88191510）

总 序

“中南财经政法大学‘双一流’建设文库”是中南财经政法大学组织出版的系列学术丛书，是学校“双一流”建设的特色项目和重要学术成果的展现。

中南财经政法大学源起于1948年以邓小平为第一书记的中共中央中原局在挺进中原、解放全中国的革命烽烟中创建的中原大学。1953年，以中原大学财经学院、政法学院为基础，荟萃中南地区多所高等院校的财经、政法系科与学术精英，成立中南财经学院和中南政法学院。之后学校历经湖北大学、湖北财经专科学校、湖北财经学院、复建中南政法学院、中南财经大学的发展时期。2000年5月26日，同根同源的中南财经大学与中南政法学院合并组建“中南财经政法大学”，成为一所财经、政法“强强联合”的人文社科类高校。2005年，学校入选国家“211工程”重点建设高校；2011年，学校入选国家“985工程优势学科创新平台”项目重点建设高校；2017年，学校入选世界一流大学和一流学科（简称“双一流”）建设高校。70年来，中南财经政法大学与新中国同呼吸、共命运，奋勇投身于中华民族从自强独立走向民主富强的复兴征程，参与缔造了新中国高等财经、政法教育从创立到繁荣的学科历史。

“板凳要坐十年冷，文章不写一句空”，作为一所传承红色基因的人文社科大学，中南财经政法大学将范文澜和潘梓年等前贤们坚守的马克思主义革命学风和严谨务实的学术品格内化为学术文化基因。学校继承优良学术传统，深入推进师德师风建设，改革完善人才引育机制，营造风清气正的学术氛围，为人才辈出提供良好的学术环境。入选“双一流”建设高校，是党和国家对学校70年办学历史、办学成就和办学特色的充分认可。“中南大”人不忘初心，牢记使命，以立德树人为根本，以“中国特色、世界一流”为核心，坚持内涵发展，“双一流”建设取得显著进步：学科体系不断健全，人才体系初步成型，师资队伍不断壮大，研究水平和创新能力不断提高，现代大学治理体系不断完善，国际交流合作优化升级，综合实力和核心竞争力显著提升，为在2048年建校百年时，实现主干学科跻身世界一流学科行列的发展愿景打下了坚实根基。

“当代中国正经历着我国历史上最为广泛而深刻的社会变革，也正在进行着人类历史上最为宏大而独特的实践创新”，“这是一个需要理论而且一定能够产生理论的时代，这是一个需要思想而且一定能够产生思想的时代”①。坚持和发展中国特色社会主义，统筹推进“五位一体”总体布局和协调推进“四个全面”战略布局，实现“两个一百年”奋斗目标、实现中华民族伟大复兴的中国梦，需要构建中国特色哲学社会科学体系。市场经济就是法治经济，法学和经济学是哲学社会科学的重要支撑学科，是新时代构建中国特色哲学社会科学体系的着力点、着重点。法学与经济学交叉融合成为哲学社会科学创新发展的重要动力，也为塑造中国学术自主性提供了重大机遇。学校坚持财经政法融通的办学定位和学科学术发展战略，“双一流”建设以来，以“法与经济学科群”为引领，以构建中国特色法学和经济学学科、学术、话语体系为己任，立足新时代中国特色社会主义伟大实践，发掘中国传统经济思想、法律文化智慧，提炼中国经济发展与法治实践经验，推动马克思主义法学和经济学中国化、现代化、国际化，产出了一批高质量的研究成果，“中南财经政法大学‘双一流’建设文库”即为其中部分学术成果的展现。

文库首批遴选、出版二百余册专著，以区域发展、长江经济带、“一带一路”、创新治理、中国经济发展、贸易冲突、全球治理、数字经济、文化传承、生态文明等十个主题系列呈现，通过问题导向、概念共享，探寻中华文明生生不息的内在复杂性与合理性，阐释新时代中国经济、法治成就与自信，展望人类命运共同体构建过程中所呈现的新生态体系，为解决全球经济、法治问题提供创新性思路和方案，进一步促进财经政法融合发展、范式更新。本文库的著者有德高望重的学科开拓者、奠基人，有风华正茂的学术带头人和领军人物，亦有崭露头角的青年一代，老中青学者秉持家国情怀，述学立论、建言献策，彰显“中南大”经世济民的学术底蕴和薪火相传的人才体系。放眼未来、走向世界，我们以习近平新时代中国特色社会主义思想为指导，砥砺前行，凝心聚

① 习近平：《在哲学社会科学工作座谈会上的讲话》，2016年5月17日。

力推进“双一流”加快建设、特色建设、高质量建设，开创“中南学派”，以中国理论、中国实践引领法学和经济学研究的国际前沿，为世界经济发展、法治建设做出卓越贡献。为此，我们将积极回应社会发展出现的新问题、新趋势，不断推出新的主题系列，以增强文库的开放性和丰富性。

“中南财经政法大学‘双一流’建设文库”的出版工作是一个系统工程，它的推进得到相关学院和出版单位的鼎力支持，学者们精益求精、数易其稿，付出极大辛劳。在此，我们向所有作者以及参与编纂工作的同志们致以诚挚的谢意！

因时间所囿，不妥之处还恳请广大读者和同行包涵、指正！

中南财经政法大学校长 

前　言

自谢尔顿（Scheldon，1924）首次提出“企业社会责任”的概念以来，关于企业社会责任问题的讨论从最初的企业是否需要履行社会责任，在经过将近1个世纪的研究发展后，如今已是企业应该如何履行企业社会责任以及其效果如何的问题。在公司金融学领域，企业承担社会责任的经济效果问题被具化为这样的一个核心问题：企业社会责任表现与公司企业价值的关系。关于这二者关系的研究已逐渐成为公司金融实证研究方面一个新兴领域。但是，由于基础理论、模型设定、变量衡量方法以及研究样本等存在差异，迄今为止，关于企业社会责任表现是否可以提高公司价值这一问题，学术界并未得出一致的结论。

近年来，随着利益相关者理论和社会责任战略管理理论的发展，公司参与企业社会责任活动越来越规范，企业社会责任管理日趋专业化。同时，企业社会责任也上升到公司经营管理战略层面，越来越多地与公司各项经营活动密切联系起来，使得社会责任对企业经营活动的影响更加具体化。这也为我们研究企业社会责任的经济效应带来了一个全新的契机。已有研究分别从企业投资行为、融资行为、信息披露行为以及资本成本等更为宽泛的视角，就公司承担企业社会责任的经济效果进行了深入的研究。本书试图在已有丰富研究的基础上，选择从微观公司财务和管理层行为、行业特殊性、宏观市场效率三个视角来进一步研究上市公司企业社会责任表现与公司价值的关系。

改革开放的40年来，中国经济经历了令世界瞩目的高速增长，然而，环境污染、食品安全、资源浪费、社会和谐以及商业道德等社会责任问题也不断涌现。尤其是在2008年，“三鹿奶粉”丑闻的爆发，更是引起了政府、企业和社会公众对企业社会责任和经济可持续发展的广泛关注。随之，中国政府特别是资本市场监管机构陆续颁布了一系列关于企业社会责任的法律法规和相关准则。

那么，在我国当前的经济和制度背景下，上市公司履行企业社会责任是否会得到投资者和公众的认可？企业社会责任投资金额通常较大，对于我国企业来讲，是否负担过重？是否会影响公司的正常经营？在竞争性较高的行业和垄断行业中，公司履行企业社会责任的经济后果是否不同？我国国有企业和民营企业履行企业社会责任的初衷是否一致？经济效果又如何？管理层通过投资企业社会责任活动的利己主义行为是否会在较强的监管下得以缓解？企业社会责任报告披露的相关信息对于投资者来讲是否有参考价值？是否提高了我国股票市场的运行效率？对这些问题的回答，具有重要的理论和现实意义。为此，本书从企业经营风险、行业竞争度、管理者短视主义、企业社会责任信息披露、公司所有权结构、市场运行效率等多个维度，通过构建不同的实证模型，对上述问题展开深入讨论，以期能让读者更深入地了解我国上市公司履行企业社会责任的经济效果，为未来政府部门颁布实施新的企业社会责任政策提供建议，同时也为公司提高其治理水平和调整其企业社会责任战略提供实证依据。

除此之外，备受可持续发展关注的能源行业，相较于其他行业，其企业社会责任履行情况如何？较好的能源公司企业社会责任表现是否可以得到更多投资者的认可？提高能源公司价值？管理者能力的好坏是否会对能源公司履行企业社会责任的经济效果有影响？本书在最后一章试图通过美国能源行业上市公司样本的实证研究来回答上述问题，以期能让读者更加了解行业层面企业社会责任的研究现状。

本书分为5章，具体的结构安排如下：第一章是导论，系统地介绍了企业社会责任概念的界定、企业社会责任表现的主要衡量方法、我国企业社会责任的制度背景、企业社会责任表现和公司价值关系的相关文献；第二章是企业社会责任表现对上市公司稳定性的影响，从公司经营风险视角，重点分析了我国上市公司企业社会责任表现对公司稳定性的影响，并加入了产品市场竞争度的考量；第三章是企业社会责任表现对管理者短视行为的影响，从管理者短视主义视角，基于我国企业社会责任的特点之一即同时存在强制性和自愿性披露的两种类型的公司，深入探讨企业社会责任是否起到了抑制管理者进行盈余管理的行为；第四章是企业社会责任表现对股价滞后效应的影响及其股价预测作用，从市场效率视角，基于我国企业社会责任的另一特点：国有企业和民营企业履行企业社会责任的目的不同，创新性地研究了企业社会责任对股票价格延迟效应的影响及其预测股票未来收益的能力；第五章是管理者能力对能源行业企业社会责任实施效果的影响，将能源行业作为研究样本，并引入管理者能力这一全新的影响因子，具体探讨美国能源公司企业社会责任表现和公司价值的关系在多大程度上是由高管的管理者能力决定的。

目　录

第一章
导　论

第一节　企业社会责任概念的界定和说明

一、企业社会责任概念的界定

“企业社会责任”的首次提出源于1924年谢尔顿发表的著作《管理的哲学》，他认为企业不应该仅仅是追求经济利益，还需要对道德因素进行充分的考虑，企业有责任满足企业内外部的各种需求，特别是与企业相关联的社会实体和社会环境。简而言之，谢尔顿（1924）定义企业社会责任是指企业资源对社会承担的责任。在随后的研究中，学术界对于是否应该将经济责任纳入企业社会责任概念之中一直争论不断，并由此衍生出狭义企业社会责任概念和广义企业社会责任概念两大阵营。

狭义企业社会责任定义的学者将社会责任看作是经济责任的对立物来界定其内涵。主要的代表学者有鲍文（Bowen，1953），戴维斯（Davis，1960），麦克奎尔（McGuire，1963），曼勒和沃利克（Manne and Wallich，1972）以及贝克曼（Backman，1975）。1953年，鲍文在其《商业人士的社会责任》一书中，提出社会上数百个最大的商业组织是权利和决策的中心，商业组织的行为将会触及社会民众生活的方方面面。基于此，鲍文对企业社会责任的概念进行了开创性的诠释：商业人士负有对社会的义务在于执行的政策、制定的决策、采取的行动要和整个社会的目标和价值相一致。其本人也因此被奉为“企业社会责任之父”。

在此之后，许多学者也结合各自不同的视角提出了企业社会责任的定义。其中，戴维斯（1960）将企业社会责任定义为“企业超越狭义的经济利益、技术利益及基本的法律要求，作出的决策和采取的措施”。他进一步强调，企业履行社会责任应满足经济和非经济的双重目标，且企业作出的决策和采取的行动至少会有部分是超出企业的经济利益的。麦克奎尔（1963）首次将企业所应承担的责任拓展为经济责任、社会责任和法律责任，其中社会责任则是指企业应该关注政治、社会福利、教育、员工利益及其他社会利益。贝克曼（1975）指出社会责任是指企业在经济绩效（如利润）之外需要考虑的目标和动机。基于上述文献，曼勒和沃利克（1972）给出了一个较为清晰的企业社会责任定义，企业社会责任是超越经济与法律之外的自发行为。

与以上观点截然相反，以卡罗尔（Carroll）为代表的部分学者开始将企业经济责任也纳入企业社会责任的一部分。卡罗尔（1979）提出企业社会责任是指在某一特定时期，社会对企业实现其经济使命，遵守法律法规、重视伦理道德以及自觉履行慈善的期望。基于利益相关者理论，卡罗尔（1991）进一步提出了企业社会责任的“金字塔模型”理论：经济责任、法律责任、伦理责任和慈善责任按照责任层级从下到上呈“金字塔”状，经济责任是企业最基础的社会责任，而慈善责任是层级最高的社会责任。

通过对以上两种观点的分析，我们可以看出他们的根本分歧在于对“企业社会责任服务的利益相关者究竟是谁”这一问题看法不一致。狭义企业社会责任概念认为企业社会责任服务的客体对象是除了股东之外的其他利益相关者，而广义概念则认为企业履行社会责任应将股东的利益也考虑在内，即认为股东也是公司的利益相关者之一。

而随着弗里德曼（Freeman，1984）在《战略管理：利益相关者管理的分析方法》中对利益相关者作出广义的定义，即组织里的利益相关者是指能够对组织目标的实现产生影响或受组织目标实现影响的个人或群体，狭义观点开始受到众多学者的挑战，且逐渐被广义社会责任定义所取代。越来越多的学者开始试图将企业社会责任和利益相关者理论相结合，并构建起一系列完整的理论框架。弗里德里希（1994）认为企业回应社会压力的能力也是衡量其社会责任的关键，并进一步提出企业社会回应的概念，即企业通过设计和制订相应计划以满足不断变化的社会期望的能力。伍德（Wood，1991）首次将利益相关者理论与企业社会责任进行了全面的融合。并将企业社会责任的概念扩展并延伸到了企业社会责任绩效这一概念，即企业从事各种社会责任产生的结果为企业社会责任绩效。它主要反映了企业社会责任原则、社会响应过程以及社会解决问题的相关政策之间的相互根本作用。克拉克森（Clarkson，1995）的实证研究很好地从利益相关者视角对企业社会责任绩效进行了衡量。

我国学者在充分借鉴了国外学者对企业社会责任概念讨论的基础上，从不同角度展开了对企业社会责任定义的论述。国内最早关注企业社会责任的学者是袁家方（1990），认为企业社会责任是在面对社会需要和各种社会问题时，企业除了追求自身的生存和发展外，还必须承担维护国家、社会和人类的根本利益。卢代富（2002）的观点更倾向于支持狭义的企业社会责任概念，即他认为企业社会责任不包括企业为股东追求利润最大化所承担的责任，而是指“对雇员的责任、对消费者的责任、对债权人的责任、对环境、资源保护与合理利用的责任、对所在社区经济发展的责任、对社会福利和社会公益事业的责任。”周祖城（2007）定义企业社会责任是企业应该承担的一种综合责任，包含经济责任、法律责任和道德责任。李正和向锐（2007）认为企业社会责任是指企业在经济责任以外需要承担的法律规定的法律责任和企业自愿承担的道德责任，其目的主要是为了增进社会福利、提升企业活动合法性与合理（伦理）性，是对以往过度关注股东利益的传统公司治理理论的补充和修正。

综上所述，随着社会责任理论的进一步完善，国内外学者对企业社会责任概念的解释逐渐从经济层面转向社会层面、环境层面以及利益相关者层面，并逐渐形成了以利益相关者为基础的企业社会责任概念。本书也继承了基于利益相关者理论的企业社会责任概念，并以此为基础继续深入探讨在我国经济新常态下，上市企业履行企业社会责任的价值所在。

二、企业社会责任相关概念的联系和区别

通过上述文献回顾发现，企业社会责任概念经历了“责任—回应—表现”三个阶段的演变过程，具体涉及以下四个概念：企业社会责任回应、企业社会责任表现、企业社会责任信息披露以及企业社会责任信息披露质量。它们与企业社会责任概念是相辅相成的关系，但又各有特点。因此，我们将在本部分对企业社会责任相关概念的定义、联系和区别进行讨论，为后续章节的内容奠定基础。

首先，我们需要厘清四个概念的定义。企业社会责任回应，被弗里德里希

（Frederick，1994）定义为“企业回应社会压力的能力”，即企业回应利益相关者期望、承担社会责任的行为过程。弗里德里希（1994）进一步指出企业社会责任更多的是回答了“是否要履行企业社会责任？根据什么道德准则？为了谁的利益”，而企业社会责任回应更多关注“如何履行企业社会责任？具体如何操作？预计产生什么效应”。

企业社会责任表现也称为企业社会绩效，反映的企业履行社会责任的程度及其承担社会责任所产生的结果，是企业社会责任概念的延伸和具体化。伍德（1991）指出企业社会责任有三个层次。其中，第一层次是企业社会责任原则，即驱动企业承担社会责任的价值观。这与企业社会责任概念基本保持一致。第二层次是企业社会响应过程，关注企业适应环境变化以及应对社会压力的反应能力。这与企业社会责任响应概念的侧重点类似。第三层次是公司行为结果，这也是唯一可以进行实际观测和公开评估的过程，主要关注的是企业责任行为的社会影响和满足利益相关者的程度。

企业社会责任信息披露是企业履行和强化社会责任的基础。格雷（Gray，2001）认为企业社会责任信息披露是企业对自身社会责任表现的自我描述，是企业主要通过编制和公开发布关于企业对利益相关者所履行社会责任的情况及其可能产生的后果的报告行为。迄今为止，企业社会责任报告的形式主要有三种：适用于非财务信息披露但编制简单的叙述性报告、在传统财务报告中添加新内容或以附表的形式予以反映、独立的社会责任报告形式。已有文献指出，企业社会责任信息披露是利益相关者获取企业社会责任信息的主要渠道，也是一种企业与社会公众进行沟通交流的有效途径。由于在许多国家，企业社会责任信息披露属于自愿性行为，企业在其社会责任报告的披露形式和内容上均有较大的选择空间，所以，已有研究认为企业社会责任信息披露可能成为企业进行合法战略管理的工具之一（Gray et al.，2001）。企业社会责任信息披露质量，也成为企业社会责任信息披露水平，侧重于对企业社会责任报告披露的完备情况进行评价。由于大多数国家中企业社会责任报告的披露是自愿性行为，所以，是否发布报告、是否首次发布社会责任报告具有信息效应，不少学者也用该行为来度量企业的社会责任信息披露质量（Dhaliwal et al.，2011）。

我们基于以上四个概念定义，进一步分析各个概念之间的联系和区别①。企业社会责任属于基础概念，侧重于解释性，旨在明确企业社会责任“是什么”；企业社会责任回应和企业社会责任信息披露是行为层面的概念，核心为企业对社会责任“如何做”和“如何说”；而企业社会责任表现和企业社会责任信息披露质量是评价层面的概念，企业社会责任表现是对企业社会责任履行程度的评价，核心为企业就社会责任“做的怎么样”，企业社会责任信息披露质量是对企业社会责任信息披露完善情况的评价，核心为企业对自身关于社会责任实践的信息“说的怎么样”，是否客观充分地披露了社会责任相关信息。所以，企业社会责任表现和企业社会责任信息披露质量是具有评价性含义的指标，在企业社会责任及信息披露实证研究中往往更为常见②。

第二节　企业社会责任表现的衡量方法

已有研究指出，针对企业社会责任的研究存在一个重要不确定性因素，即对企业社会责任表现的测量，测量方法不同会导致最终的实证结果也不同。所以，我们将在本小节系统梳理以往研究中被广泛使用的企业社会责任衡量方法，并分析讨论各个方法的优势和劣势，以及对未来衡量方法的展望。截至目前，关于企业社会责任表现的度量方法主要分为五大类：内容分析法、声誉指标法、污染指数法与企业慈善法、问卷调查法以及基于专业机构数据测量的方法③。

1. 内容分析法

内容分析法是指通过对企业已公开的文件或报告（如财务报告、社会责任

① 转引自冯丽艳：《社会责任表现对权益资本成本的影响机制研究》，北京交通大学博士学位论文，2017 年。

② 从企业社会责任表现和社会责任信息披露质量的含义和度量方法可以看出，两者评价的内容和评价体系并不相同。此外，目前大多数国家的社会责任信息属于自愿性披露，企业在披露形式和披露内容上有较大的选择性，社会责任表现较差的企业也可能通过高质量的信息披露来缓解合法性压力（沈洪涛等，2014），导致企业社会责任信息披露质量与企业社会责任表现不一定是一致的，因此，社会责任信息披露质量较高并不意味着较好的企业社会责任表现，直接采用社会责任信息披露质量作为社会责任表现的代理变量存在一定的问题和偏差（Ullmann，1985）。

③ 以下五大类衡量企业社会责任表现的方法，转引自金龙：《企业社会责任对会计信息质量的治理效应研究》，吉林大学博士学位论文，2017 年。

报告）中的信息进行归类、整理，进而对企业从事社会责任活动进行量化和评价的一种分析方法。例如，对企业所披露的社会责任相关信息的字数、句数或者页数进行统计，对企业社会责任相关信息中的定性描述与定量分析进行分类等。即企业社会责任的相关信息披露的越多、内容越详细、定量数据越全面，则认为企业社会责任的履行越好。内容分析法最初由国际会计公司 Ernst & Ernst 的合伙人贝雷斯福德（Beresford）所创立，随后在其 1973 年、1975 年和 1976 年所发表的一系列研究中对如何利用内容分析法对企业社会责任进行衡量作出了解析，后来学者在研究企业社会责任时所采用内容分析法大多都是以贝雷斯福德的方法为技术基础进行的。

2. *声誉指数法与声誉评分法*

声誉指数法是指由业内专家根据一套企业声誉评分体系，通过对企业在社会责任履行方面进行评分的方式，进而对企业社会责任表现进行衡量。马科维茨（Moskowitz，1972）是学术界最早采用声誉指数法衡量企业社会责任的人，他根据对样本企业进行多年问卷调查的结果将其社会责任表现分为优秀、良好和很差三个等级。直到 1982 年，《财富》推出声誉评分法，该方法采用向被调查公司知情人（竞争对手企业的高级管理人员、财务分析师等）调查评价企业声誉的方式，解决了声誉指数法中问卷应答者不熟知企业社会责任活动的问题，通过获取相关专业人士对企业声誉八个维度的评分，最终得到衡量企业社会责任的企业声誉评分。虽然声誉评分法在企业社会责任相关问题的实证研究得到了学者们的广泛应用，但也遭受了不少学者的质疑和批评。

3. *污染指数法与企业慈善法*

污染指数法是指根据由政府机构或独立的专业机构制定的一套评价指标体系，通过对企业的污染程度进行评价的方式来衡量企业社会责任履行情况的一种方法。其中，在学术研究中最为广泛使用的是“有毒污染物排放总量”指标（TRI），即企业排放的污染总量越少，企业社会责任履行越好（Brown and Fryxell，1995）。企业慈善法是根据企业对外捐赠数据来对企业社会责任作出评价的一种方法。此方法是由美国公共管理协会于 20 世纪 80 年代始创，该协会通过利用其提出的“慷慨指数”对企业的慈善等级进行评价，其中，慷慨指数的计算是通过分别计算企业的捐赠总额占税前净利润比例与捐赠总额的 Z 统计量，并最终将其加总得到企业的慷慨指数。

4. 问卷调查法

问卷调查法是指通过搜集和分析调查者对与企业社会责任相关的各维度题项的回答，来评价被调查企业社会责任表现的方法。此方法首先需要对企业社会责任的每个维度都设计一系列测试题项，然后通过调查问卷来调查问卷应答者对企业社会责任各题项的回答，最后根据各题项的相应评分来评价企业社会责任。问卷调查法起初广泛应用于对人们心理、认知和态度等问题的研究，而对于采用此方法对企业社会责任进行评价的研究，最具代表性应属奥普勒等（Aupperle et al.，1985），他们以卡罗尔（1979）提出的四责任模型为理论基础，通过对每个责任设计科学的测量题项，编制出了企业社会责任导向量表，并运用该量表进行了实证研究。

5. 专业机构数据库法

专业机构数据库法是指使用专业机构建立的评估企业社会责任行为得分的数据库来衡量企业社会责任履行情况的方法。当前全球对企业社会责任评估的专业机构已有数十家之多，但在这些专业评估机构中，最为学者所广泛使用的应属美国的 KLD 公司于 1990 年开发的 KLD 指数。该指数最初将评价企业社会责任的指标分为八类。其中，前五类是关于评价利益相关者关系的指标（包括社区关系、员工关系、环境保护、产品安全，妇女和少数民族问题）；后三类是与利益相关者无关的指标（包括核问题、军备削减和南非事务）。然后将各类指标的得分加总得到企业社会责任的评价得分。之后，KLD 公司对以上八个指标进行了重新整合，现针对七个方面的社会绩效进行综合评估，即社区关系、公司治理、多元化、员工关系、环境治理、人权问题以及产品质量和安全。

另外，我国学者还以企业披露的财务报告中的与企业社会责任相关的财务指标为基础，提出了衡量企业社会责任的指数法。该方法通过有偏好地选择特定财务指标，构建线性模型的方式来对企业社会责任履行情况进行衡量。由于每个学者对企业社会责任的理解角度不同，因此，用以构建模型的变量选取也各不相同。陈玉清和马丽丽（2005）参考财政部 1995 年颁布的企业经济绩效评价指标体系，分别从政府所得贡献、职工所得贡献、投资者所得贡献、社会所得贡献四个指标综合衡量企业社会责任。温素彬和方苑（2008）将企业对利益相关者的责任按其投入资本的形式进行区分，包括对货币资本利益相关者责任、对人力资本利益相关者的责任、对社会资本利益相关者的责任、对生态资本利益相关者的责任，并依据各责任所对应的财务指标构建衡量企业社会贡献指数。张旭等（2010）、王晓巍和陈慧（2011）从企业对员工、供应商、股东、债权人、政府五个维度中，选取了十个相对应的财务指标对企业社会贡献进行衡量。陈丽蓉等（2015）采用以财务指标构建的每股社会责任贡献值衡量企业社会责任。

以上几种衡量企业社会责任的测量方法都有各自的特点和适用条件。内容分析法是通过程序编码对信息进行分类，并得出定性分析结果的方法。因此，该方法具有程序客观性，可重复性强，操作性简便，适用于大样本研究的特点。但由于程序中相关逻辑的设定具有主观性，并且企业对于社会责任的履行与信息披露可能存在言行不一致的现象，这些问题也都使得内容分析法在信度和效度方面为学者所诟病。声誉指数法和声誉评分法是由专家或专业评价机构对多个企业按照相同的评价标准作出的主观评价，具有较强的内部一致性。但评价结果也会因不同评价者而存在较大的差异性，并且不同的评价者受其认知能力的限制，评价结果可能仅为其熟知的小部分企业，无法对绝大多数企业的社会责任履行情况作出评价。污染指数法和企业慈善法由于分别使用的是企业客观的污染排放程度和慈善捐赠数据，故得出的结论具有相对客观稳健的特征。但该方法最大的缺陷是仅从环境责任和慈善责任方面对企业社会责任进行评价，因此，仅可以作为对环境敏感型企业和社会公益组织的社会责任履行情况的近似衡量，因此，污染指数法和企业慈善法缺乏全面性和可推广性。问卷调查法是采用制定企业社会责任相关维度的量表，调查和分析不同个体对量表中题项的回答，以评价企业社会责任的方法。这使得量表的设计存在较强的主观性，研究结论对量表的信度和效度也存在很高的要求。但事实上问卷调查法的分析结果并非是问卷应答者对企业社会责任行为的评价，而是对企业社会责任的态度或看法，因此，在企业社会责任的研究中采用此方法值得商榷。专业机构数据库法是专业评估机构综合使用内容分析法、专家评价和问卷调查等方法，对被调查企业的社会责任履行情况进行分析和评价的方法。该方法具有覆盖面广、可扩充性强、评价内容全面、评价能力专业、评价结果质量高等特点。但该方法对评价机构的权威性和公平性要求较高，且数据库的建立还需花费较大的人力和物力资本，因此，如果相关专业评级机构能够实现上述要求建立权威专业的数据库，则该数据库应为当前衡量企业社会责任履行情况最佳的方法。而社会责任贡献法是通过选取特定的财务指标进行简单的线性求和，进而对企业社会责任履行情况进行衡量，该方法所需的数据具有易获得的特点。但此方法也存在较为明显的问题，首先，财务指标的选取受研究者主观需求的影响，不同研究者会依据其各自的角度有倾向性地选择财务数据；其次，这种简单的线性求和方法也会造成在衡量企业社会责任时忽视了企业社会责任概念中各方面层级指标的权重影响。因此，以社会责任贡献作为衡量企业社会责任的指标可能会导致研究结果缺乏稳健性特征。

根据上述分析可以发现，内容分析法衡量企业社会责任履行情况通常仅存在于国外企业社会责任的早期研究，我国学者也采用此法对衡量企业社会责任作出了尝试，如李正（2006）、宋献中和龚明晓（2007）、沈洪涛（2007）、王海妹等（2014）采用内容分析法对年度财务报告中披露的企业社会责任信息进行评价来衡量企业社会责任。声誉指数法虽然也在早期的研究中被使用，但随着学术界对此方法质疑和批评的增多，逐渐被学者们所淘汰。污染指数法和企业慈善法由于仅反映了企业社会责任中的某一维度，因而主要应用于对企业环境绩效和慈善捐赠的相关研究。相比之下问卷调查法和专业机构数据库法则受到了学者们的广泛使用，其中，我国采用问卷调查法衡量企业社会责任的代表性研究有：宋献中和龚明晓（2006）、徐尚昆和杨汝岱（2009）、李海芹和张子刚（2010）、马龙龙（2011）、李祥进等（2012）的研究。随着专业机构数据库法的出现，极大地推动了企业社会责任相关问题的实证研究成果。国外一些高质量的实证研究均采用 KLD 指数作为衡量企业社会责任的方法，如普雷斯顿和萨皮恩扎（Preston and Sapienza，1990）、沃多克和格雷福斯（Waddock and Graves，1997）、希尔曼和凯姆（Hillman and Keim，2001）。

由于企业社会责任相关理念引入我国的时间较晚，因此，一直未出现能够量化企业社会责任的相关数据库。直到 2008 年以后，有关企业社会责任的相关政策的出台，使得众多专业机构开始纷纷建立各评价企业社会责任的数据库，这其中最具权威性和影响力的应属润灵环球责任评级公司推出的《上市公司企业社会责任报告评级数据库》，其所使用的评级体系（MCT①）参考了最新国际

① MCT 评分采用结构化专家评分法，满分为 100 分，其中整体性评价权重为 30%，满分为 30 分；内容性评价权重为 45%，满分为 45 分；技术性评价权重为 15%，满分为 15 分；行业性评价权重为 10%，满分为 10 分（综合业与其他制造业无行业性指标评价，内容性权重调整为 50%，满分 50 分；技术性评价权重调整为 20%，满分 20 分）。

权威社会责任标准ISO 26000[①]，通过采用结构化专家打分法，分别从整体性、内容性、技术性以及行业性四个零级指标出发，对战略、治理、利益相关方、经济绩效、劳工与人权、环境、公平运营、消费者、社区参与及发展、内容平衡、信息可比、报告创新、可信度与透明度、规范性以及可获得及信息传递有效性这15个一级指标，63个二级指标进行评分，最终将各部分的评分进行汇总得到衡量企业社会责任的评级得分。该数据库为我国学者研究企业社会责任相关问题提供了数据支持，很大程度上提高了研究我国有关社会责任相关问题的可行性，并相继出现了大量高水平的研究成果。如朱松（2011）、周中胜等（2012）、翟华云（2012）、李姝等（2013）、尹开国等（2014）等的研究。

因此，本书中第二章、第三章以及第四章针对中国上市公司企业社会责任表现的衡量方法来自润灵环球数据库的企业社会责任（CSR）评级体系，详细的测量方法见附录A。第五章针对美国能源行业上市公司的研究，使用的是KLD数据库中的CSR评级体系，详细的测量方法见附录B。

第三节 我国企业履行企业社会责任的制度背景

一、我国企业社会责任发展历程

自改革开放以来，我国政府进行了一系列制度改革，使得我国经济取得了世界瞩目的成绩。但是，与此同时，经济的快速增长也带来了环境污染、食品

① 2010年11月1日，国际标准化组织（ISO）颁布了《社会责任指南：ISO 26000》，首次正式出台了企业社会责任标准，将社会责任定义为"组织通过透明和道德的行为，为其决策活动对社会和环境的影响而承担的责任"，并将社会责任的核心主题分为组织治理、人权、劳工实践、环境、公平运营实践、消费者问题、社区参与和发展七个方面，强调了企业与各方利益相关者利益的协调和统一。这是第一次在全球范围内形成对社会责任概念的共同理解，明确提出统一的社会责任内涵。从这一定义出发，承担社会责任必将会对企业经营活动的方方面面产生影响，所以，近年来，关于企业社会责任经济后果的研究也扩展到社会责任程度对企业财务活动、员工关系、客户关系、政治合法性、社区关系等诸多方面的影响效应。

安全、资源消耗、社会发展以及社区治理等与企业社会责任相关的一系列问题。随着全球性企业社会责任运动的广泛普及和蓬勃发展，我国政府也逐渐开始意识到企业社会责任问题的重要性，并相继出台了一系列规范和落实企业履行社会责任的相关法律法规和标准。

2002 年 1 月 7 日由中国证监会和国家经贸委联合发布的《上市公司治理准则》中，首次以法律法规的形式要求上市公司在保持公司持续发展、实现股东利益最大化的同时，应关注所在社区的福利、环境保护、公益事业等问题，重视公司的社会责任。《中华人民共和国公司法》（2005 年修订）［以下简称《公司法》（2005 年修订）］在第五条规定，公司要“遵守社会公德、商业道德”并“承担社会责任”。同时，第十七条规定公司“保护职工的合法权益，依法与职工签订劳动合同，参加社会保险，加强劳动保护，实现安全生产”，并“加强公司职工的职业教育和岗位培训，提高职工素质”。2006 年 9 月，深圳证券交易所发布了《上市公司社会责任指引》，指出上市公司社会责任是指上市公司对国家和社会的全面发展、自然环境和资源，以及股东、债权人、职工、客户、消费者、供应商、社区等利益相关方所应承担的责任，同时，要求各上市公司定期分析其企业社会责任表现，鼓励企业主动披露其社会责任报告。2008 年 5 月 14 日，上海证券交易所加强了社会责任信息披露规定，发布了《上海证券交易所上市公司环境信息披露指南指引》，并首次提出“每股社会贡献值”的概念，为评价和衡量公司价值提供了利益相关者的视角。同年年底，上交所要求三类上市公司每年披露企业社会责任报告，包括公司治理板块样本的公司、在境外有发行外资股的公司和金融类的公司，并鼓励其他公司进行企业社会责任报告披露。公司可以根据自身特点拟定年度社会责任报告的具体内容，但报告至少应包括以下方面：公司在促进社会可持续发展方面的工作；公司在促进环境及生态可持续发展方面的工作；公司在促进经济可持续发展方面的工作。同时，深圳证券交易所也要求纳入深证 100 指数的上市公司披露社会责任报告，并鼓励其他公司也披露社会责任报告。2009 年，上海证券交易所推出了企业社会责任指数（social responsibility index，SRI），每年从上证公司治理板块中在社会责任的履行方面表现良好的公司股票作为样本股编制而成。此外，深圳证券交易所分别于 2009 年 10 月和 2010 年 7 月发布了《深圳证券交易所创业板上市公司规范运作指引》《深圳证券交易所主板上市公司规范运作指引》《深圳证券交易所中小企业上市公司规范运作指引》详细规定了在深圳证券交易所三个板块上市的企业的年度社会责任报告的内容至少应包括以下三点：(1) 关于职工保护、环境污染、商品质量、社区关系等方面的社会责任制度的建设和执行情况；(2) 履行社会责任存在的问题和不足、与本指引存在差距及原因说明；(3) 改进措施和具体时间安排。

具体到不同类型的企业，各相关机构分别提出了不同的企业社会责任要求。基于以上两个法律法规的基本准则和要求，2008 年 1 月 4 日，国务院国有资产监督管理委员会发布了《关于中央企业履行社会责任的指导意见》，把企业社会责任确立为中央政府在实现经济和社会发展目标过程中的一个关键手段，要求国有企业借鉴外国企业的经验，积极参与有关企业社会责任标准的国际对话。2016 年 7 月，国务院国有资产监督管理委员会再次发布《关于国有企业更好履行企业社会责任的指导意见》，进一步强调了社会责任在国有企业中的重要作用。为督促银行业金融机构落实科学发展观，承担企业社会责任，促进经济、社会、环境的和谐与可持续发展，2009 年 1 月 12 日，中国银行业协会发布了《中国银行业金融机构企业社会责任指引》。2015 年 1 月 1 日正式实施的《中华人民共和国环境保护法》中，从法律角度明确要求重污染企业公开详细环境信息，这大大提高了对企业披露环境信息的要求。

以上法律法规、规范和指引的陆续出台对我国社会责任信息披露制度的建立和完善发挥了重要的推动作用。2006 年 3 月，国家电网有限公司首次对外发布了中国内地企业的第一份社会责任报告（附录 C 选列出中国企业社会责任相关法律法规和准则）。

二、我国上市公司履行企业社会责任的现状分析

上市公司作为优秀的企业代表，其是否能成为承担社会责任的标兵和榜样，对于引导其他企业积极承担社会责任有着至关重要的作用。因此，在本部分我们重点分析在沪深两市上市的 A 股公司履行企业社会责任的现状。

我国上市企业从 2008 年大约只有 180 家企业披露了它们的企业社会责任报告，到 2014 年，681 家上市公司发布了其企业社会责任报告，其中包括 405 份

强制性报告和281份自愿性报告，再到2015年，共有701家上市公司发布了企业社会责任报告，包括408份强制性企业社会责任披露报告和293份自愿性企业社会责任披露报告。

其中，我国国有企业承担企业社会责任的情况要远远高于非国有企业。从行业分布比例来看，履行企业社会责任较高的行业主要集中在政府管制行业中，如金融保险业、交通运输和仓储业、电力、煤气及水的生产和供给业、采掘业和房地产业。此外，重污染行业因受到公众的关注和有关部门要求其强制披露企业社会责任报告，其履行企业社会责任的比例和表现均较高。如也有文献所述，我国现阶段，政府干预是我国上市公司履行企业社会责任的一大特点。

第四节　企业社会责任表现和公司价值之间关系的相关文献梳理

关于企业社会责任表现和公司价值之间关系的实证研究，已有文献并未得出一致性结论（McWilliams et al.，2006；Hull and Rothenberg，2008；Perrini et al.，2011；Bocquet et al.，2017）。争论的焦点在于公司参与企业社会责任活动是否符合企业的价值最大化目标。本部分简要梳理了公司金融学理论针对这一关系的相关文献，在之后每章都会根据相关议题，有的放矢地进行更细化的文献讨论。

一、基于成本理论和委托代理理论：负相关

以弗里德曼为代表的企业社会责任的反对者认为，公司的首要目标是实现企业利润最大化。企业选择参与社会责任相关活动，一方面，必将会把有限的资源从核心业务领域分配出去；另一方面，投资社会责任活动的直接成本往往也较高，从而导致公司总成本增加，削弱了企业的竞争力，降低了公司的价值

（Aupperle et al.，1985；Ullmann，1985）。

此外，基于委托代理理论，管理者会采取机会主义行为。即管理者通常会通过积极参与和推动企业社会责任活动，为自己未来的职业生涯或政治前途谋求更好的机会的同时，却会损害股东的利益，企业最终为此行为买单。在公司拥有富余现金流的情况下，即使没有很好的投资项目，此时管理者选择投资具有长期价值的企业社会责任活动，也会被利益相关者认为是管理者采取的投机主义行为，因此，股东也会收回他们的关键资源（Wang et al.，2008）。此外，布朗姆和米林顿（Brammer and Millington，2008）基于风险厌恶的管理者假说，发现当管理者认为投资企业社会责任活动不能增加公司财务绩效，但却可以降低公司风险时，他们往往会在这些项目上进行过度投资。股东为防范以上代理问题，会要求公司采取更加严厉的监管措施，进一步导致代理成本的增加。

二、基于利益相关者理论：正相关①

基于利益相关者理论，企业社会责任的支持者认为，公司价值的实现离不开任何一个与公司发展相关的利益相关者，因此，公司履行社会责任是公司的分内之事。例如，琼斯（Jones，1995）指出如果企业具有较好的企业社会责任表现，可以赢得利益相关者对企业更高的信任度，有利于改善与利益相关者的关系，进而提升公司价值。具体而言，从政府角度出发，积极承担社会责任会减少来自政府的管制，并可以从政府获得减免税收或者使用公共设施的机会；充分考虑员工利益的企业，会提高员工对于公司的忠诚度，进而提高其生产力和利润率（Turban and Greening，1997）；善于从顾客视角出发的企业，会吸引社会敏感度较高的顾客，有助于差异化产品和服务，进而提高顾客的购买和支付意愿（Bhattachropy and Sen，2003）；从投资者角度出发，积极参与社会责任活动有利于吸引社会敏感度高的投资人，获得资本资源（Barnett and Saloman，2006）。

另外，企业社会责任支持方基于利益相关者管理理论，对反对派提出的委

① 引自王倩：《企业社会责任与企业财务绩效的关系研究——制度环境的调节作用》，浙江大学博士学位论文，2014 年。

托代理问题作出了回应。根据利益相关者管理理论，管理者与利益相关者通过隐形、显性的协商、契约，达成了一种双边互利的关系，这种双边关系能够有效地监督、避免管理者追求股东利益最大化之外的其他目标（Hill and Jones，1992；Jones，1995）。同时，通过满足和平衡多方利益相关者的要求，管理者能够有效地提升组织快速响应外部需求的效率（Orlitzky et al.，2003）。

三、调节变量的存在

随着企业社会责任研究的日渐深入，学者们开始探究企业社会责任影响公司价值的内在机理。麦克威廉姆斯和西格尔（2000）最早发现，当估计模型中控制了研发支出时，企业社会责任绩效和公司价值之间呈现出中性关系。他们认为企业社会责任和公司绩效关系的实证研究之所以缺乏共识的结论，主要归因于模型设定错误，即存在缺失变量或调节变量。罗和巴塔查里亚（Luo and Bhattacharya，2006）从客户满意度的角度研究企业社会责任对市场价值的影响，文章发现客户满意度能部分调节二者之间的关系，公司能力（创新能力和产品质量）也能调节二者之间的关系，并且公司能力能够通过客户满意度调节二者之间的关系。巴内特（Barnett，2007）提出企业对其利益相关者的影响能力也具有调节企业社会责任和公司价值之间关系的作用。赫尔和罗森博格（Hull and Rothenberg，2008）进一步证实了创新的调节作用。他们认为，在创新能力较低的企业以及差别较小的行业中，企业社会责任对财务绩效的影响更为显著。考虑到无形资源的中介效应，如创新、人力资源、声誉和企业文化等，苏罗卡等（Surroca et al.，2010）的研究表明企业社会责任与财务业绩之间没有直接关系。具体而言，企业承担社会责任会使无形资产增加，进而提升公司价值。萨埃迪等（Saeidi et al.，2015）进一步验证出两个调节变量，即声誉和竞争优势，可能会影响企业社会责任与财务绩效的关系。

除了前面所述的静态分析，已有研究基于动态结构模型，研究公司如何战略性地参与企业社会责任活动，以提高其盈利能力（Tang et al.，2012）。他们认为，一个有效的企业社会责任参与战略应该保持一致性，始终关注相关的企业社会责任维度，并采用内部到外部的路径策略。总之，最近的研究强调间接的企业社会责任与财务绩效的关系，并指出企业社会责任与财务绩效之间存在若干缺失变量。

除此之外，有学者指出之所以二者之间的关系未发现一致性的实证结果，原因之一是 OLS 模型检验的只是二者的相关关系，却不能检验因果关系。弗拉梅（Flammer，2015）对利益相关者与企业社会责任相关提议的边际投票这一事件进行断点回归，得到了企业社会责任与财务绩效二者之间一个因果关系，文章发现，采取企业社会责任提议可以增加企业的市场回报和会计利润，文章进一步发现，企业承担社会责任是通过增加员工的效率和销售收入来增加财务绩效的。

第二章
企业社会责任表现对上市公司稳定性的影响

本书主要检验了企业社会责任绩效和企业稳定性之间的相关关系，以及产品市场竞争是如何影响这一关系的。本书选取中国股票上市公司作为研究样本，使用其在2009～2015年期间独特的企业社会责任评级数据，我们发现具有较好的企业社会责任表现的公司往往更加稳定。此实证结果与我们的推论是一致的，即具有道德前瞻性的管理者将参与企业社会责任活动作为一种有效的风险管理工具，以起到稳定公司的作用。但是，上述企业社会责任绩效和公司稳定性之间的正向关联关系仅在高度竞争的行业是显著的，表明激烈的产品市场竞争使得管理者在投资企业社会责任活动的时候需以其他利益相关者的利益为主导。

第一节　引　　言

企业破产议题一直是公司金融研究最核心的课题之一。在2008年金融危机期间，金融部门的金融脆弱性引起了政治家、监管机构和学术界的高度关注（Camara et al.，2012；Fazio et al.，2015；Akins et al.，2016）。近年来，中国经济在经历了近30年的高速增长并进入经济发展新常态之后，陷入了相对较为艰难的时期。具体表现为，中国企业陷入财务困境的可能性开始有所增加，一些企业甚至已经陷入破产的边缘。参考先前研究，我们采用破产概率作为衡量公司稳定性的代理变量（Boyd and Runkle，1993；Mercieca et al.，2007；Laeven and Levine，2009；Demirgüç－Kunt and Hui－zinga；2010；Fazio et al.，2015）。随着全球对可持续发展问题的广泛关注，中国政府也开始从单纯地追求经济的高速发展转变为更多追求“有质量”的发展。此时，如何平衡经济增长和企业社会责任开始成为我国经济发展首先需要解决的问题。因此，本书研究的第一个问题是企业社会责任表现是否可以作为一个有效地提高公司稳定性的工具。

本章所讨论的企业社会责任主要是指公司参与的与社会、环境、员工和社区等相关的活动，例如，为本地中小企业提供资金支持和技术服务、建立社会慈善机构并进行慈善捐款、参与社会服务活动、承担相关环境责任、开发节能环保产品和服务、有效回收利用产品和服务、充分考虑利益相关者的利益、并保持公司长期可持续发展。已有文献证实，道德观念较强的管理者通常把企业社会责任作为一种有效管理风险的工具（Boutin - Dufresne and Savaria，2004；Lee and Faff，2009；Goss and Roberts，2011；Hsu and Chen，2015；Li et al.，2017）。因为社会责任感较强的公司，其异质性风险通常较低，它们可以从信用评级机构获得更高的信用评级，同时，此类公司偏好选择具有可持续发展特性的项目进行投资，因此，它们发生违约的概率也会降低。此外，处于竞争性较高行业的经理人投资于企业社会责任活动，通常被认为其具有较高的前瞻性，同时，也被外部投资者认为其更加值得信赖（Ho et al.，2016）。因此，我们研究的第二个问题是在竞争较为激烈的行业内，企业社会责任绩效和公司稳定性之间的关联关系是否更加显著。

本章选取来自润灵环球 CSR 评级数据库（RKS）的企业社会责任评级数据来衡量中国上市公司的企业社会责任绩效。该数据库主要包括四大维度，即整体性、内容性、技术性和行业性，共 153 个细部度量标准（详见附录 A）。本书的样本期间是从 2009 ~ 2015 年。本章使用 Z - Score 的自然对数来衡量企业稳定性（Laeven and Levine，2009；Fazio et al.，2015）。与预测一致，实证结果发现，企业社会责任分数越高，企业越稳定，破产的可能性越小。特别要说明的是，企业社会责任评分每提高 1 个标准差会使企业稳定性增加约 6.8%。当控制了公司层面的特征、所有权结构和公司管理层特征时，企业社会责任绩效与公司稳定性之间的显著正相关关系仍然存在。此外，本章使用工具变量来减弱内生性问题，这种负相关关系依然存在且稳健。以上结果表明，中国上市公司可以通过提高其企业社会责任表现来增强企业稳定性。

当前中国上市公司数量众多，这就使得本章能够将总样本分为两个子样本：高产品竞争行业的公司（High_PMC）和低产品竞争行业（Low_PMC）的公司。通过分别对这两个子样本进行企业社会责任绩效和公司稳定性的实证测试，我们发现企业社会责任绩效对公司稳定性的正向显著作用只在高产品竞争行业的子样本中存在，而在低产品竞争行业的子样本中该作用不显著。这就与本章的假设保持一致，即在激烈的行业竞争中，更好的企业社会责任表现对企业稳定性的益处更为显著。

本章对现有文献的贡献主要有三点。首先，这是第一篇针对企业社会责任表现与企业稳定性之间关系进行实证研究的文章。本章的结果揭示了企业社会责任在企业长期可持续发展中起到了极其重要的作用。其次，特别是在2008年金融危机之后，目前的已有研究主要是针对金融行业的公司稳定性。本书试图探讨整个中国市场上上市公司企业社会责任绩效与公司稳定性之间的关系，这一研究在全球后金融危机时代和中国经济新常态时期显得至关重要。最后，本章的实证结果凸显了企业社会责任在企业面临激烈竞争时提高企业稳定性方面的重要作用。

本章其余部分的结构如下。在第二节，简要论述了中国股票市场发展的现状，重点回顾了中国企业社会责任履行的背景、现状以及可能存在的问题。在第三节，对本书所涉及的企业社会责任、企业稳定性以及产品市场竞争的相关文献进行了梳理、分析和总结，并提出假设。在第四节，主要介绍本章使用的数据来源、主要变量的构建和样本的统计性分析。在第五节，介绍了本章所使用的计量回归模型、主要回归结果以及相关结果的稳健性检验。第六节为本章结语。

第二节　中国上市公司企业社会责任披露的背景和现状

随着中国经济的快速增长和中国股票市场的逐步壮大，企业被政府、社会、公众赋予了越来越高的期望，包括最小化环境污染、提供高品质产品服务、维护社会正义和公平等，这就凸显了企业社会责任相关活动的重要性。根据2008年中国社会科学院进行的一项调查显示，大多数中国投资者已经开始关注企业的社会责任活动。中国政府作为最大也是最有权力的利益相关者，通过专门发布多项与企业社会责任相关的指导方针，来平衡国有企业经济的快速增长以及快速发展所带来的社会问题。

2002年1月7日，由中国证监会和国家经贸委联合发布的《上市公司治理准则》，首次以法律法规的形式要求上市公司在保持公司持续发展、实现股东利益最大化的同时，应关注所在社区的福利、环境保护、公益事业等问题，重视公司的社会责任。2018 年 9 月 30 日，中国证监会发布修订后的《上市公司治理准则》，进一步强调了上市公司应重视社会责任。《公司法》（2005 年修订）在第五条规定公司要“遵守社会公德、商业道德”并“承担社会责任”。同时，第十七条规定公司“保护职工的合法权益，依法与职工签订劳动合同，参加社会保险，加强劳动保护，实现安全生产”，并“加强公司职工的职业教育和岗位培训，提高职工素质”。基于以上两个法律法规的基本准则和要求，2008 年 1 月 4 日，国务院国有资产监督管理委员会应规发布了《关于中央企业履行社会责任的指导意见》，把企业社会责任确立为中央政府在实现经济和社会发展目标过程中的一个关键手段，要求国有企业借鉴外国企业的经验，积极参与有关企业社会责任标准的国际对话。2016 年 7 月，国务院国有资产监督管理委员会再次发布《关于国有企业更好履行企业社会责任的指导意见》，进一步强调了社会责任在国有企业中的重要作用。为督促银行业金融机构落实科学发展观，承担企业社会责任，促进经济、社会、环境的和谐与可持续发展，2009 年 1 月 12 日，中国银行业协会发布了《中国银行业金融机构企业社会责任指引》。

为落实科学发展观，构建和谐社会，推进经济社会可持续发展，倡导上市公司承担社会责任，根据有关法律、法规、规章并借鉴国际市场经验，2006 年 9 月 25 日，深圳证券交易所发布了《深圳证券交易所上市公司社会责任指引》，指出上市公司社会责任是指上市公司对国家和社会的全面发展、自然环境和资源，以及股东、债权人、职工、客户、消费者、供应商、社区等利益相关方所应承担的责任，同时，要求各上市公司定期分析其企业社会责任表现，鼓励企业主动披露其社会责任报告。2008 年 5 月 14 日，上海证券交易所加强了社会责任信息披露规定，发布了《上海证券交易所上市公司环境信息披露指南指引》，要求三类上市公司每年披露企业社会责任报告，包括公司治理板块样本的公司、在境外有发行外资股的公司和金融类的公司，并鼓励其他公司进行企业社会责任报告披露。公司可以根据自身特点拟定年度社会责任报告的具体内容，但报告至少应包括以下方面：公司在促进社会可持续发展方面的工作；公司在促进环境及生态可持续发展方面的工作；公司在促进经济可持续发展方面的工作。进一步地，上海证券交易所于 2009 年推出了企业社会责任指数

(social responsibility index，SRI)。此外，深圳证券交易所分别于 2009 年 10 月和 2010 年 7 月颁布了《深圳证券交易所创业板上市公司规范运作指引》《深圳证券交易所主板上市公司规范运作指引》《深圳证券交易所中小企业上市公司规范运作指引》，详细规定了在深圳证券交易所三个板块上市的企业的年度社会责任报告的内容至少应包括以下三点：（1）关于职工保护、环境污染、商品质量、社区关系等方面的社会责任制度的建设和执行情况；（2）履行社会责任存在的问题和不足、与本指引存在差距及原因说明；（3）改进措施和具体时间安排。

以上一系列的法律法规和规章制度，极大地促进了我国上市公司履行企业社会责任，并规范了上市公司企业社会责任报告的披露行为，为未来我国上市公司进一步做好企业社会责任奠定了良好的基础。截至 2015 年，共有 701 家上市公司发布了企业社会责任报告，包括 408 份强制性企业社会责任披露报告和 293 份自愿性企业社会责任披露报告。

第三节　相关文献回顾和假说的提出

本部分首先回顾了企业社会责任表现和公司稳定性之间关系的相关文献，接着讨论产品市场竞争对上述关系的影响，并根据文献分析提出本书的两个主要假设。

一、企业社会责任表现和公司稳定性

已有文献强调企业社会责任在协调经济发展、环境保护、社会和谐和道德问题等方面发挥着至关重要的作用（Hur et al.，2014；Skard and Thorbqrnsen，2014)。虽然已有大量文献针对企业社会责任表现与公司财务绩效之间的关系进行了研究（McWilliams and Siegel，2001；Dhaliwal et al.，2011；El Ghoul et al.，

2011；Kim et al.，2012），但从企业稳定性角度对企业社会责任表现的价值研究还很缺乏。仅有的几篇研究认为，银行更有可能为对社会责任感较强的公司提供有吸引力的贷款条件，因为企业社会责任投资可以有效地降低公司的独特性风险，进而提高公司价值（Goss and Roberts，2011）。以信用评级为研究对象，现有几篇研究的结果发现，社会责任感强的公司往往具有较低的信用风险（Jiraporn et al.，2014；Hsu and Chen，2015）。

根据已有文献发现，我们可以从两个方面将企业社会责任表现与企业稳定性联系起来。第一条正在发展中的研究路线，主要通过检验企业社会责任对公司特定风险（idiosyncratic risk）的影响来考虑这种联系。已有文献的研究结果表明，如果公司具有较好的公司治理、社会发展和环境保护的记录，那么此类公司被认为具有较低的公司特定风险，进而要求更高的股票收益回报溢价。需要特别说明的是，处于可持续发展领先地位的公司通常表现出较低的公司特质风险，同时股票未来收益也相对较低（Lee and Faff，2009）。在加拿大股票市场中社会责任感较强的公司，其分散程度的风险较低且特质性波动性也较低（Boutin－Dufresne and Savaria，2004）。此外，“sin”股票（即从事酒精、烟草和赌博生意的上市公司）可以通过采取积极主动的环境保护措施来降低其诉讼风险（Feldman et al.，1997；Hong and Kacperczyk，2009；Durand et al.，2013）。如果公司完全缺乏参与企业社会责任活动的经验，那么它们很容易面临不必要的高风险（Bassen et al.，2009）。上述关于公司特质风险的讨论与我们的研究密切相关，因为财务困境风险会影响公司的稳定性。

第二条研究路线是以信用评级为基础，因为信用评级与资本成本之间具有密切的相关关系。关注员工福利是企业社会责任最重要的部分之一，弗外莫和德瓦尔（Verwijmeren and Derwall，2010）认为在员工福利方面具有领先经验的公司享有更佳的信用评级，且其破产的可能性得到了显著的降低。埃尔高尔等（El Ghoul et al.，2011）的研究指出，社会责任表现不佳的企业往往面临信用评级下降和股权资本成本上升的问题。吉拉波恩等（Jiraporn et al.，2014）使用邮政编码来界定地区间企业社会责任表现的不同，发现具有较强社会责任感的公司享有更佳的信用评级。正如查尼茨基和卡夫（Czarnitzki and Kraft，2007）所表述的那样，当公司信用评级较低时，公司所支付的利率会大幅上升以补偿其较高的违约风险。因此，我们推断出信用评级是评估违约可能性和公司稳定性的工具。根据上述讨论，我们认为较好的企业社会责任表现降低了公司陷入财务困境的风险，因此对企业的稳定性产生了积极且正向的影响。因此，本章的第一个假设如下：

假设 2－1 企业社会责任表现与企业稳定性呈正相关关系。

二、产品市场竞争（product market competition，PMC）的影响

已有文献发现产品市场结构可能会影响公司的现金流风险（Hou and Robinson，2006），也被视为行业层面的重要治理变量之一（Giroud and Mueller，2011）。在行业集中度较高的行业内经营的企业虽然其创新相对较少，但由于该行业的垄断性，预计这些公司均会获得可观的利润。与此同时，行业集中度高的行业，其进入壁垒也越来越高，这就将此行业内的公司与无法分散化的财务困境风险相隔离，即在行业集中度较高的行业内运营的公司，其风险相对较低。相反，属于竞争性行业的公司具有相对较低的盈利能力，但是拥有较高的财务困境风险且其盈利波动性也较高，因此，这些公司面临更高的破产概率风险。

已有研究发现，企业社会责任投资往往成本支出较高，对于公司来讲，通常是一种财务负担（Elhauge，2005；Hsu and Chen，2015）。对于在竞争性行业中经营的公司来讲，企业社会责任投资成为财务负担的可能性更高，势必会进一步导致财务困境。但是，如果管理者在知道投资企业社会责任活动成本相对较高的情况下，仍然选择投资于企业社会责任活动，则他们通常被认为在更可靠的道德观以及在公司决策上更具有前瞻性（Ho et al.，2016）。因此，我们强调如果在竞争性行业中经营的公司具有更好的社会责任表现，投资者对管理性短视主义的担忧就会减少。

此外，当企业决定参与企业社会责任活动时，市场产品竞争还可以减少管理者和投资者之间的信息不对称。研究发现，企业参与企业社会责任活动，通常是出于管理者的个人利益而非利益相关者的利益考虑（Jensen and Meckling，1976；Barnea and Rubin，2005）。但是，在竞争较为激励的行业内，通常认为道德观念较强的管理者更有可能通过参与企业社会责任活动，以提高公司在行业

内的竞争地位和追求公司价值的增加。因此，在竞争激烈的行业中，公司参与较多的企业社会责任活动：一是表明企业拥有足够的现金流来投资企业社会责任活动；二是管理者更多的是考虑企业发展的长期可持续性。综上所述，我们推断企业社会责任表现对企业稳定的正向影响作用在竞争性较高的行业中更加显著。因此，本章的第二个假设如下：

假设 2－2 在其他条件不变的情况下，企业社会责任表现与企业稳定性之间的正向关系，在竞争性行业中的作用更加显著。

第四节　样本和研究设计

一、样本选择

我们的企业社会责任数据来自润灵环球 CSR 评级数据库（RKS）。RKS 是一家第三方评级机构，专门提供有关企业社会责任绩效的信息，这些信息的衡量主要来自四个维度的 153 个细部测量标准。其中四个维度包括整体性（M－score）、内容性（C－score）、技术性（T－score）和分行业特征指数（I－score）[①]。RKS 对企业社会责任绩效的衡量参考最新国际权威社会责任标准 ISO26000，更加重视社会、经济和环境可持续性。附录表 A1 中提供了每项测度的详细定义。RKS 根据上市公司每年发布的独立的或者附属于年报的企业社会责任报告，按照 153 个细部衡量标准对每份报告进行打分，满分为 100 分。RKS 的 CSR 评级分数被已有研究中国上市公司企业社会责任市场的文献广泛用作 CSR 的有效代理变量（Li et al.，2013；Li and Foo，2015）。我们的样本期从 2009 年开始，因为 RKS 的 CSR 评级数据从 2009 年开始，于 2015 年结束。本书

① 我们也检验了每个 CSR 维度对公司稳定性的影响。我们发现内容性维度相比其他维度而言，在提高公司稳定性方面效果最佳。详细结果参见本章表 2－10。

的公司财务相关数据来自中国股票市场和会计研究数据库（CSMAR）。

然后，我们将 RKS 数据库与 CSMAR 数据库进行合并，并进一步删除缺失 CSR 数据或者主要变量数据的观察值。为了计算企业稳定性，我们要求每家企业都应该至少拥有 3 年的财务数据。我们进一步删除以下观测值，即公司的资产、债务或股权小于零，或公司杠杆比率大于 1 的样本公司。最终的样本横跨 7 年的时间，共有 3 837 家公司年度观察值。

二、因变量

我们对企业稳定性的衡量标准是基于拉文和莱文（Laeven and Levine, 2009）以及法齐奥等（Fazio et al.，2015）对 Z－score 的测量①。Z－score 衡量公司与破产的距离，具体被定义为股票权益不足以弥补亏损。我们根据以下模型来衡量企业稳定性：

$$Stability_{it} = \ln(Z - Score_{it}) = \ln\left(\frac{\overline{ROA_{it}} + \overline{Equity\ Ratio_{it}}}{\sigma(ROA)_{it}}\right) \qquad (2.1)$$

ROA 是总资产回报率，权益比率（equity ratio）是股票权益价值与总资产价值之比。我们每三年滚动测量以下 ROA 的平均值和标准方差，使得 Z－score 成为一组面板数据（Fazio et al.，2015）。Z－score 分数越高，意味着该企业越稳定。

此外，我们还使用 Z－score 的收益相关成分作为企业稳定性的替代代理变量来进一步深入研究企业社会责任和公司稳定性的相关关系，具体衡量如下：

$$Risk - Adjust\ Profit_{it} = \ln(RAR_{it}) = \ln\left(\frac{\overline{ROA_{it}}}{\sigma(ROA)_{it}}\right) \qquad (2.2)$$

三、企业社会责任表现的衡量

本书的主要目标是检验企业社会责任表现对企业稳定性的影响。我们将

① 虽然拉文和莱文（2009）及法齐奥等（2015）所用的 Z－score 主要用于测量银行业的破产概率风险，但是它的最初架构对于非银行业企业也适用。

CSR 评级得分作为一个主要的解释变量。较高的企业社会责任评级分数表示企业在社会责任方面投入了更多的精力并作出了更多的努力，而较低的企业社会责任评级分数则表明企业对环境保护、员工福利和关系、社区服务、公司治理、消费者关系、利益相关者利益和公平运营采取的措施较少。此外，我们还采用标准化的 CSR（CSRs）作为企业社会表现的替代衡量标准，具体定义为该公司的 CSR 评级得分与其行业 CSR 平均得分之差与行业内 CSR 标准方差的比例（Pan et al.，2015）。

四、产品市场竞争的衡量

此外，我们还想了解产品市场竞争和企业社会责任表现如何共同影响企业稳定性。产品市场竞争的衡量标准，我们采用的是 Herfindahl – Hirschman 指数（HHI）。HHI 指数计算的是该行业中所有公司的市场份额平方之和（Giroud and Mueller，2011）：

$$HHI_{jt} = \sum_{i=1}^{N_j} S_{ijt}^2 \tag{2.3}$$

其中，S_{ijt}是第 t 年行业 j 中企业 i 的市场份额。我们使用总销售额作为每家企业市场份额的衡量标准。HHI 指数越高代表该行业的竞争程度越低。

五、其他控制变量的衡量

作为控制变量，我们的选择包括了公司层面的特征、所有权结构和管理者结构等特征，数据主要来自 CSMAR 数据库。我们使用公司 i 在第 t 年的会计年度年末的总资产（SIZE）的自然对数来衡量公司规模。流动性（LIQ）是流动资产与总资产的比率。企业杠杆率（LEV）是长期债务与所有者权益的比率，盈利能力（PF）是息税前利润与资产账面价值的比率，以及股票的市场价值与股票的账面价值的比率（MB）。已有文献表明中国的国有企业（SOEs）参与企业社会责任活动主要是为了履行其政治要求和义务（Li and Zhang，2010；Wang and Qian，2011；Qian et al.，2015；Ho and Gong，2016）。因此，我们采用政府持股比例（GOV）作为一个控制变量。此外，我们还增加了最大股东（SLS）、内部经理人（SMS）和公司法人（Corporation）所控制的现金流量权作为所有者结构的控制变量。另外，我们还控制了管理者结构，包括董事变更频率（C_Dir）、CEO 变更频率（C_CEO）、董事平均薪资水平（ABPDS）和独立于董事会的外部董事占比（IND）。同时，我们还控制了两个虚拟变量。一个虚拟变量衡量的是公司的 CEO 和董事会主席是否是同一人（CEO_DUALITY），如果是同一人取值为 1，否则为 0。另一个虚拟变量描述了前十大股东是否具有关联性（Relate），如果有取值为 1，否则为 0。

六、描述性统计

表 2－1 的 A 组展示了本书所使用的所有变量的描述性统计。我们可以看出，CSR 得分的平均值和中位值分别为 37.64 和 34.45。平均而言，与 CSR 从 1～100 的取值范围相比，我们样本中的公司的 CSR 评分得分相对较低，企业社会责任分数的左偏分布表明我们样本中的大多数中国企业的 CSR 评分低于平均水平。CSR 评分的标准方差为 13.07，表明各企业的 CSR 评级得分差异很大。此外，我们还发现企业社会责任的平均得分在 2009 年仅为 30.00，2015 年增加至 42.64，这表明中国企业开始更多地参与并重视企业社会责任活动，企业社会责任表现也越来越好①。

表 2－1　　描述性统计

A 组：所有变量的统计性分析						
	均值	标准差	Q1	中值	Q3	观测值数量
Stability	3.71	1.04	3.02	3.72	4.38	3 837

① 我们每年根据原始的 CSR 评分将公司分为十组，CSR 评分最高的公司在第 9 组，CSR 评分最低的公司在第 0 组。我们发现越稳定的企业倾向于拥有更高的 CSR 评分，越稳定的公司企业社会责任表现越出色。具体而言，CSR 评分最高的第 0 组和最低的第 9 组之间的企业稳定性（Stability）差异在 1% 的置信水平下是正向显著的。当我们使用稳定性的替代代理变量 RAR 时，这一结果依然成立。此外，我们还发现规模较大的企业、杠杆率较高的公司和 MB 比例较低的公司具有更出色的企业社会责任表现。详见表 2－9。

续表

A 组：所有变量的统计性分析						
	均值	标准差	Q1	中值	Q3	观测值数量
RAR	1.23	1.10	0.56	1.21	1.91	3 548
CSR	37.64	13.07	28.72	34.45	42.82	3 837
CSRs	0.00	1.00	-0.65	-0.27	0.35	3 837
HHI	0.07	0.11	0.01	0.01	0.09	3 837
SIZE	22.97	1.72	21.79	22.70	23.83	3 762
LIQ	0.46	0.24	0.28	0.46	0.64	3 837
LEV	0.47	0.22	0.30	0.48	0.63	3 837
PF	0.04	0.06	0.01	0.04	0.07	3 837
MB	3.36	2.85	1.67	2.59	4.03	3 837
SLS	0.38	0.17	0.24	0.38	0.51	3 837
SMS	0.05	0.13	0.00	0.00	0.00	3 837
Gov	0.07	0.16	0.00	0.00	0.01	3 837
Corporation	0.04	0.12	0.00	0.00	0.00	3 837
Relate	0.44	0.50	0.00	0.00	1.00	3 837
CEO_duality	0.14	0.35	0.00	0.00	0.00	3 837
IND	0.37	0.06	0.33	0.36	0.40	3 837
ABPDS	12.40	1.14	11.96	12.39	12.92	3 837
C_Dir	0.12	0.33	0.00	0.00	0.00	3 837
C_CEO	0.14	0.35	0	0	0	3 837

B 组：分行业 CSR 评级得分统计性分析							
代码	行业名称	均值	标准差	Q1	中值	Q3	PMC 水平
S	综合	28.33	8.49	20.11	28.93	34.56	Low
A	农林牧渔业	31.96	8.78	25.42	30.18	34.36	High
K	房地产业	33.39	11.97	25.67	31.62	38.03	High
Q	卫生和社会工作	34.88	13.89	24.26	27.47	50.14	Low

续表

B组：分行业 CSR 评级得分统计性分析							
代码	行业名称	均值	标准差	Q1	中值	Q3	PMC 水平
I	信息传输、软件和信息技术服务业	34.92	9.80	27.42	33.73	40.62	High
L	租赁和商务服务业	35.38	13.85	24.50	31.03	42.52	Low
C	制造业	35.70	10.71	28.37	33.44	40.50	High
R	文化、体育和娱乐业	36.39	9.68	30.28	33.95	40.99	Low
H	住宿和餐饮业	37.18	4.63	33.26	36.81	39.87	Low
F	批发和零售业	37.91	12.32	28.52	35.48	44.79	High
D	电力、热力、燃气及水的生产和供应业	39.00	11.75	31.40	35.50	44.42	High
G	交通运输、仓储和邮政业	40.12	15.72	29.58	34.48	45.89	High
E	建筑业	40.79	14.00	31.23	38.19	51.17	Low
N	水利、环境和公共设施管理业	43.65	7.53	39.61	43.14	50.13	High
B	采矿业	43.66	16.50	31.42	37.88	55.47	Low
J	金融业	52.09	17.98	37.37	47.66	68.44	High

注：A组报告了本书中所有变量的统计性分析结果，本样本包括了在2009~2015年样本期间，共3 837家公司年度观察值。Stability是公司特定层面Z-score的自然对数；RAR是平均风险调整后利润的自然对数；CSR是企业社会责任表现评分，取值范围从1~100；CSRs是标准化的CSR评分；SIZE是企业规模，用总资产的自然对数来衡量；LIQ是流动性资产与总资产的比率；LEV是企业杠杆率，用公司债务价值与所有者权益之比来衡量；PF是盈利能力，是息税前利润与资产账面价值的比率；MB是股票的市场价值同账面价值之比；Gov，SLS，SMS，Corporation分别是政府、最大股东、内部管理人和企业法人所持有的股权比例；Relate是一个虚拟变量，衡量的是前10大股东的关联性，如果企业前10大股东具有关联关系时取值为1，否则为0；CEO_duality是一个虚拟变量，衡量的是CEO两职合一，如果一个公司拥有独立的CEO和董事会主席时取值为0，否则为1；IND是董事会中独立外部股东的占比；ABPDS是董事高管平均工资的自然对数。C_Dir是一年中董事变更的频率；C_CEO是一年中CEO变更的频率。所有变量的详细定义见表2-8。

B组根据CSRC的行业分类，展示了16个行业的CSR评级得分的统计性分析结果，以及各个行业的HHI值。

我们的主要解释变量Stability的平均值和中值分别为3.71和3.72①。这表明

① 这和原始Z分数扭曲程度更高但Z分数的自然对数更倾向于正态分布（Laeven and Levine，2009）的论证是一致的。因此，ln(Z-score)的平均数和中位数非常接近彼此。

我们样本中企业的利润平均下降其标准差的41倍，才会突破企业的股权价值，即导致破产的发生。在最近的金融危机之后即2009～2010年，Z－score相对较低，仅约为3.54，这要远低于2011～2015年的Z－score，说明在金融危机发生之后，企业的稳定性较低，而经济经过几年的复苏，企业稳定性得以提高。

关于其他控制变量，我们首先发现公司规模（SIZE）的平均值和中值分别为22.97和22.70。平均而言，MB的平均值和中值都较高，分别为3.36和2.59，这表明中国企业相对来讲市场价值更高。同时，企业的年度盈利能力（PF）与平均资产收益比率为4%。政府（GOV）、最大股东（SLS）、内部经理人（SMS）和公司法人（Corporation）分别平均持有7%、38%、5%和4%的公司股票。有将近44%的公司，其前10大股东是具有关联关系的（Relate），而86%的公司有独立的首席执行官（C_CEO）和董事会主席（C_Dir）。首席执行官和董事的平均离职率在一个财政年度内分别为14%和12%。

根据中国证券监督管理委员会（CSRC）的行业分类，B组汇总统计了各行业的CSR评级分数和产品市场竞争HHI指数。平均而言，金融行业的CSR得分最高，而综合行业的CSR得分最低。根据HHI指数值，全行业样本被进一步分为两个子样本。高产品市场竞争组（High_PMC）是HHI指数值低于给定年份产品市场竞争中值的行业，而低产品市场竞争组（Low_PMC）是HHI指数值高于给定年份产品市场竞争中值的行业。据此标准，农业生产行业、金融行业、信息传输和技术服务业、制造业、公共设施管理行业、房地产行业、运输业、公用事业以及批发零售业被认为是中国行业竞争相对激烈的行业。

表2－2中的相关相关系数矩阵表明，稳定性较高的企业具有较高的企业社会责任评级分数、较低的杠杆率、较大的企业规模、较高的利润且多数处于产品市场竞争较低的行业中，而内部管理人和公司法人在稳定性较差的企业中持有较少的股票份额。此外，在稳定性较差的企业中，首席执行官和董事面临更大的离职风险，同时薪水也较低。自变量之间弱相关性的系数较低，通常表明它们之间不存在多重共线性且各变量能够从不同方面捕捉到公司特征，以最大限度地控制潜在变量对公司稳定性的影响作用。

表 2-2　　Pearson 相关系数矩阵

序号	变量	(1)	(2)	(3)	(4)	(5)	(6)	(7)	(8)	(9)	(10)	(11)	(12)	(13)	(14)	(15)	(16)	(17)	(18)	(19)	(20)
(1)	Stability	1.00																			
(2)	RAR	**0.72**	1.00																		
(3)	CSR	**0.04**	**0.07**	1.00																	
(4)	CSRs	**0.05**	**0.12**	**0.95**	1.00																
(5)	HHI	-0.02	-0.01	**0.05**	**0.07**	1.00															
(6)	SIZE	**0.14**	**0.20**	**0.33**	**0.35**	0.00	1.00														
(7)	LIQ	0.00	**0.10**	**-0.24**	**-0.21**	0.02	**-0.19**	1.00													
(8)	LEV	**-0.16**	-0.01	**0.15**	**0.21**	-0.01	**0.26**	**0.05**	1.00												
(9)	PF	**0.18**	**0.32**	-0.03	0.00	0.01	**-0.06**	**0.12**	**-0.35**	1.00											
(10)	MB	**-0.11**	-0.01	**-0.15**	**-0.18**	**0.05**	**-0.11**	**0.17**	**-0.16**	**0.18**	1.00										
(11)	SLS	-0.02	**0.03**	**0.12**	**0.13**	**0.13**	**0.04**	**-0.04**	**-0.03**	**0.07**	**-0.07**	1.00									
(12)	SMS	**0.07**	**0.07**	**-0.06**	**-0.10**	-0.02	**-0.05**	**0.16**	**-0.23**	**0.09**	**0.18**	**-0.15**	1.00								
(13)	Gov	-0.02	0.00	-0.01	**0.06**	**0.06**	-0.01	**-0.07**	0.01	0.01	**-0.06**	**0.22**	**-0.14**	1.00							
(14)	Corporation	**0.04**	**0.05**	**-0.05**	**-0.03**	-0.01	**-0.03**	**0.08**	**-0.08**	**0.08**	**0.05**	**0.05**	**0.05**	**-0.05**	1.00						
(15)	Relate	-0.01	**-0.03**	**0.13**	**0.05**	**-0.03**	0.02	-0.02	**-0.06**	**0.03**	**0.05**	**-0.12**	**0.20**	**-0.07**	**0.06**	1.00					
(16)	CEO_DUALITY	-0.01	0.01	**-0.06**	**-0.09**	-0.02	**-0.04**	**0.09**	**-0.11**	**0.03**	**0.12**	**-0.10**	**0.21**	**-0.07**	0.05	0.07	1.00				
(17)	IND	-0.02	**-0.03**	0.01	0.00	**0.14**	0.00	0.02	-0.02	0.01	**0.03**	**0.08**	0.03	0.01	0.00	**0.04**	**0.10**	1.00			
(18)	ABPDS	**0.03**	**0.10**	**0.17**	**0.15**	0.00	**0.08**	0.01	**0.13**	**0.10**	**-0.09**	**-0.08**	**-0.03**	-0.03	**-0.03**	**0.12**	**0.03**	**0.19**	1.00		
(19)	C_Dir	**-0.08**	**-0.04**	**0.03**	0.02	0.01	0.02	**-0.06**	**0.03**	**-0.07**	-0.02	**0.08**	**-0.10**	**0.05**	**-0.04**	-0.02	-0.01	0.00	0.00	1.00	
(20)	C_CEO	-0.02	**-0.05**	0.00	0.00	0.00	0.01	**-0.05**	0.01	**-0.05**	**-0.05**	**0.05**	-0.01	**0.03**	0.00	-0.01	**-0.05**	0.00	-0.02	**-0.15**	1.00

注：表 2-2 展示了各变量两两之间的 Pearson 相关系数。Stability 是公司特定层面 Z-score 的自然对数；RAR 是平均风险调整后利润的自然对数；CSR 是企业社会责任表现评分，取值范围从 1~100。CSRs 是标准化的 CSR 评分；SIZE 是企业规模，用总资产的自然对数来衡量；LIQ 是流动性资产与总资产的比率。LEV 是企业杠杆率，用公司债务价值与所有者权益之比来衡量；MB 是股票的市场价值同账面价值之比。Gov，SLS，SMS，Corporation 分别是政府、最大股东、内部管理人和企业法人所持有的股权比例；Relate 是一个虚拟变量，衡量的是前 10 大股东的关联性，如果企业前 10 大股东具有关联关系时取值为 1，否则为 0；CEO_duality 是一个虚拟变量，衡量的是 CEO 两职合一，如果一个公司拥有独立的 CEO 和董事会主席时取值为 0，否则为 1；IND 是董事会中独立外部股东的占比；ABPDS 是董事高管平均工资的自然对数；C_Dir 是一年中董事变更的频率；C_CEO 是一年中 CEO 变更的频率。所有变量的详细定义见表 2-8。加粗字体表示该相关系数在 10% 或者更高的置信水平上呈统计性显著。

第五节　主要实证结果及稳健性检验

一、企业社会责任表现对企业稳定性的影响

为了进一步探究企业社会责任表现与企业稳定性之间的关系，我们把企业稳定性、企业社会责任表现和其他潜在决定公司稳定性的因素进行回归，如下：

$$Stability_{it} = \beta_0 + \beta_1 CSR_{it} + \gamma X_{it} + DY + DI + \varepsilon_{it} \tag{2.4}$$

其中，$Stability_{it}$是公司 i 在第 t 年的稳定性①，具体衡量方法详见方程（2.1）和方程（2.2）。CSR_{it}是公司 i 在第 t 年的 CSR 评级得分，我们采用 CSR（原始 CSR 评级得分）和 CSRs（标准化 CSR 得分）来衡量。X_{it}是一组控制变量，包括公司的特定特征和公司治理变量。DY 是年份的虚拟变量，DI 是行业的虚拟变量，而 ε_{it}是误差项。我们期望系数 β_1 是正向且显著的。

表 2－3 列出了回归结果。在模型 1 和模型 2 中我们使用 Stability 作为被解释变量，在模型 3 和模型 4 中我们使用的被解释变量为 RAR。如模型 1 所示，系数 CSR 为 0.006，在 1% 置信水平下具有统计显著性。该发现的经济学意义同样也非常重要，即如果公司将 CSR 得分提高一个标准差，会使该公司的稳定性提高约 6.80%。这与我们的假设是一致的，即企业社会责任表现较好的公司更稳定。此外，我们也采用了标准化的 CSR 评级（Pan et al.，2015），即 CSRs，作为模型 2 中 CSR 表现的替代代理变量。同样，我们发现企业稳定性与 CSRs 有显著正相关关系。当我们采用 RAR 作为因变量时，我们从模型 3 和模型 4 中得到了类似的结果，即系数 CSR 为 0.010（t＝6.45）和 CSRs 为 0.126（t＝6.38）。控制变量的估计系数基本与我们预测的保持一致。

---

① 我们采用同年的 CSR 评级分数和企业稳定性，是因为 RKS 在第 t 年发布 CSR 评分，代表的是每个企业在第 t－1 年的企业社会责任表现。

表 2－3　　CSR 对企业稳定性的影响

	Stability		RAR	
	模型 1	模型 2	模型 3	模型 4
截距项	4.090*** (18.02)	4.327*** (19.51)	−0.410* (−1.73)	0.024 (0.10)
CSR	0.006*** (3.71)		0.010*** (6.45)	
CSRs		0.067*** (3.55)		0.126*** (6.38)
控制变量	YES	YES	YES	YES
年度固定效应	YES	YES	YES	YES
行业固定效应	YES	YES	YES	YES
调整后的 R^2	0.10	0.10	0.18	0.18
观测值数量	3 762	3 762	3 474	3 474

注：表 2－3 总结了 CSR 对企业稳定性影响的估计结果。模型 1、模型 2 中的被解释变量 Stability，通过衡量公司层面特定的 Z－score 的自然对数来表示。模型 3、模型 4 中 RAR 以平均风险调整利润的自然对数来衡量。CSR 是企业社会责任表现的等级评分，范围从 1～100。CSRs 是标准化的 CSR 等级评分。括号中报告的是标准误差基于时间和行业固定效应的 t 统计量。*** 和 * 分别表示该系数在 1% 和 10% 的置信水平上呈现统计性显著。

二、企业社会责任表现对企业稳定性的影响：产品市场竞争的作用

在本部分，我们希望探究产品市场竞争如何影响企业社会责任表现和企业稳定性之间的关系。已有文献证明，在产品市场竞争较为激烈的行业运营的企业更有可能陷入财务困境。因为 CSR 投资成本相对更高，来自竞争行业的企业管理者会更加谨慎地选择参与企业社会责任活动，且这些管理者往往被认为是更具有道德意识的。因此，我们推测企业社会责任表现和公司稳定性之间的这种正相关关系在产品市场竞争较为激烈的行业会更显著。

我们用 HHI 指数来衡量产品市场竞争水平，进一步把全行业样本分为两个子样本。即高产品市场竞争组（High_PMC）是 HHI 指数值低于给定年份产品市

场竞争中值的行业，而低产品市场竞争组（Low_PMC）是 HHI 指数值高于给定年份产品市场竞争中值的行业。对于每个子样本，我们分别进行一次如方程（2.4）这样的回归。表 2-4 中 A 组的结果显示无论企业社会责任表现采用原始 CSR 评级得分还是标准化的 CSR 得分，当样本是低产品市场竞争（Low_PMC）行业时，其系数在所有模型中都是不显著的。相反，对 B 组展示的高产品市场竞争（High_PMC）子样本而言，系数 CSR 和 CSRs 均显著为正。这些结果与我们的第二个假设是一致的，即企业社会责任表现对公司稳定性的影响仅存在于竞争性较高的行业中。

表 2-4　　CSR 对企业稳定性的影响：PMC 子样本

A 组：Low_PMC 子样本回归结果				
	Stability		RAR	
	模型 1	模型 2	模型 3	模型 4
截距项	4.459*** (4.37)	4.257*** (4.01)	-2.006* (-1.86)	-2.028* (-1.83)
CSR	-0.003 (-0.76)		0.001 (0.19)	
CSRs		-0.051 (-0.93)		-0.001 (-0.01)
控制变量	YES	YES	YES	YES
年度固定效应	YES	YES	YES	YES
行业固定效应	YES	YES	YES	YES
调整后的 R^2	0.19	0.19	0.31	0.31
观测值数量	435	435	412	412
B 组：High_PMC 子样本回归结果				
	Stability		RAR	
	模型 1	模型 2	模型 3	模型 4
截距项	3.959*** (16.66)	4.272*** (18.65)	-0.457* (-1.83)	0.044 (0.18)
CSR	0.007*** (4.46)		0.012*** (6.79)	
CSRs		0.090*** (4.34)		0.147*** (6.78)

续表

B组：High_PMC子样本回归结果				
	Stability		RAR	
	模型1	模型2	模型3	模型4
控制变量	YES	YES	YES	YES
年度固定效应	YES	YES	YES	YES
行业固定效应	YES	YES	YES	YES
调整后的 R^2	0.10	0.10	0.18	0.18
观测值数量	3 327	3 327	3 062	3 062

注：表2-4总结了CSR和产品市场竞争对企业稳定性影响的估计结果。产品市场竞争的量度采用的是Herfindahl-Hirschman指数。HHI指数计算的是该行业中所有公司的市场份额平方之和。高产品市场竞争组（High_PMC）是HHI指数值低于给定年份产品市场竞争中值的行业，而低产品市场竞争组（Low_PMC）是HHI指数值高于给定年份产品市场竞争中值的行业。模型1、模型2中的被解释变量Stability，通过衡量公司层面特定的Z-score的自然对数来表示。模型3、模型4中RAR以平均风险调整利润的自然对数来衡量。CSR是企业社会责任表现的等级评分，范围从1~100。CSRs是标准化的CSR等级评分。括号中报告的是标准误差基于时间和行业固定效应的t统计量。***和*分别表示该系数在1%和10%的置信水平上呈现统计性显著。A组和B组分别展示了Low_PMC和High_PMC两个子样本的回归结果。

三、内生性问题的解决

已有研究已确定了公司参与企业社会责任活动存在较为严重的内生性问题（Jo and Harjoto，2011，2012；Ioannou and Serafeim，2015；Cui et al.，2016）。根据已有研究采用的方法（Cui et al.，2016），我们使用工具变量来缓解内生性问题，以进一步检验和提炼出企业社会责任表现对企业稳定性的影响。具体地，我们采用以下两阶段最小二乘法（2SLS）进行回归。

第一阶段，

$$CSR_{i,t} = \vartheta_0 + \vartheta_1 \Delta CSR_{i,t-1} + \vartheta_2 \Delta CSR_{i,t-2} + \vartheta_3 Industry\_CSR_{i,t} + \sum \vartheta_{i,t} CONTROL_{i,t} + \varepsilon_{i,t} \quad (2.5)$$

第二阶段，

$$Stability_{i,t} = \omega_0 + \omega_1 \widehat{CSR_{i,t}} + \sum \omega_{i,t} CONTROL_{i,t} + \mu_{i,t} \quad (2.6)$$

在 2SLS 回归模型的第一阶段，我们把滞后一期的 CSR 评分差异（$\Delta CSR_{i,t-1}$），滞后两期的 CSR 评分差异（$\Delta CSR_{i,t-2}$）以及行业 CSR 中位数（$Industry\_CSR_{i,t}$）作为工具变量。选取前两个变量作为工具变量的原因如下：我们认为 CSR 滞后一期或两期的变化之差与当期的 CSR 之间具有天然的相关关系，而不太可能与当期的公司稳定性有直接关系。此外，我们还认为如果一个行业的平均 CSR 值较高，那么该行业中公司的 CSR 也会较高，而行业层面的平均 CSR 与行业中某一特定公司的当期稳定性没有直接关联。在第二阶段，我们使用第一阶段 CSR 表现的拟合值来估计第二阶段的回归。

表 2－5 列出了使用方程（2.5）和方程（2.6）获得的 2SLS 回归的估计结果。我们发现，通过第一阶段回归得到的 CSR 表现的拟合值，即系数 CSR_{2sls}（$CSRs_{2sls}$），与总样本中的企业稳定性之间存在正相关关系。然而，CSR_{2sls}（$CSRs_{2sls}$）的估计系数仅在高产品市场竞争（High_PMC）的子样本中是正向且显著的。所有控制变量的估计系数与表 2－4 中所示的结果基本保持一致。

表 2－5　　CSR 和产品市场竞争对企业稳定性的影响：2SLS

A 组：Stability 作为被解释变量						
	（1）总样本		（2）Low_PMC 子样本		（3）High_PMC 子样本	
截距项	4.358*** (14.48)	5.102*** (19.99)	7.751*** (4.97)	7.182*** (4.92)	4.234*** (13.66)	5.034*** (19.32)
CSR_{2sls}	0.017*** (3.80)		−0.013 (−0.80)		0.019*** (3.86)	
$CSRs_{2sls}$		0.224*** (3.91)		−0.238 (−1.19)		0.224*** (3.91)
控制变量	YES	YES	YES	YES	YES	YES
年度固定效应	YES	YES	YES	YES	YES	YES
行业固定效应	YES	YES	YES	YES	YES	YES
调整后的 R^2	0.07	0.07	0.22	0.22	0.07	0.07
观测值数量	2 103	2 103	231	231	1 872	1 872
B 组：RAR 作为被解释变量						
	（1）总样本		（2）Low_PMC 子样本		（3）High_PMC 子样本	
截距项	−0.684** (−2.03)	0.437 (1.53)	−0.620 (−0.37)	−0.677 (−0.42)	−0.686** (−1.97)	0.466 (1.59)

续表

B 组：RAR 作为被解释变量						
	（1）总样本		（2）Low_PMC 子样本		（3）High_PMC 子样本	
CSR_{2sls}	0.026*** (5.14)		0.000 (−0.02)		0.027*** (4.96)	
$CSRs_{2sls}$		0.330*** (5.16)		−0.079 (−0.36)		0.330*** (5.16)
控制变量	YES	YES	YES	YES	YES	YES
年度固定效应	YES	YES	YES	YES	YES	YES
行业固定效应	YES	YES	YES	YES	YES	YES
调整后的 R^2	0.19	0.19	0.31	0.31	0.19	0.19
观测值数量	2 103	2 103	231	231	1 872	1 872

注：表 2-5 总结了 CSR 和 PMC 对企业稳定性影响的两阶段最小二乘估计结果。A 组中以 Stability 为被解释变量，B 组中以 RAR 作为被解释变量。CSR_{2sls}（$CSRs_{2sls}$）是 CSR（CSRs）是工具变量包括 CSR（CSRs）的行业中位值、滞后一期的 CSR（CSRs）差值和滞后两期的 CSR（CSRs）差值的拟合值（Cui et al.，2016）。括号中报告的是标准误差基于时间和行业固定效应的 t 统计量。*** 和 ** 分别表示该系数在 1% 和 5% 的置信水平上呈现统计性显著。

此外，我们进一步采用双重差分法（difference-in-difference，DID），以更好地隔离企业社会责任报告披露对公司稳定性的影响。由于不同公司在不同年份开始披露其 CSR 报告，我们使用以下模型来进行 DID 回归（Bertr and Mullainathan，2003；Armstrong et al.，2012）：

$$Stability_{it} = \beta_0 + \beta_1 CSR\_dummy_{it} + \gamma X_{it} + DY + DI + \varepsilon_{it} \qquad (2.7)$$

其中，CSR_dummy_{it}是一个虚拟变量，如果公司 i 在第 t 年开始披露 CSR 报告，则取值为 1，否则为 0，X 是一组控制变量。同时，我们还控制了时间（年度）固定效应和个体（行业）固定效应。在这个设置中为了减轻样本选择性偏差和内生性问题的潜在影响，我们的样本包括了 1999~2015 年在中国股票市场上市的所有公司。因此，对照组包括所有未在第 t 年开始报告其 CSR 报告的公司，即使它们已经在之前开始报告，或将在第 t 年后开始报告。

表 2-6 列出了 DID 回归的估计结果。我们发现 CSR_dummy 的估计系数是正向和显著的，表明相比于没有披露 CSR 报告，当年披露 CSR 报告的公司更稳定。此外，CSR_dummy 的估计系数仅在高产品市场竞争（High_PMC）的子样本中为正向且显著的。总体而言，在考虑了内生性问题后，我们的结果仍然成立，

进一步支持了我们的假设 2-1 和假设 2-2。

表 2-6　　CSR 和产品市场竞争对企业稳定性的影响：DID

A 组：Stability 作为被解释变量			
	（1）总样本	（2）Low_PMC 子样本	（3）High_PMC 子样本
截距项	3.074*** (63.50)	2.950*** (19.12)	3.172*** (61.71)
CSR_dummy	0.100*** (3.83)	0.087 (1.14)	0.105*** (3.81)
控制变量	YES	YES	YES
年度固定效应	YES	YES	YES
行业固定效应	YES	YES	YES
调整后的 R^2	0.07	0.20	0.07
观测值数量	20 969	2 350	18 619
B 组：RAR 作为被解释变量			
	（1）总样本	（2）Low_PMC 子样本	（3）High_PMC 子样本
截距项	0.429** (8.49)	0.387 (2.12)	0.463** (8.69)
CSR_dummy	0.175*** (6.76)	0.065 (0.86)	0.190*** (6.91)
控制变量	YES	YES	YES
年度固定效应	YES	YES	YES
行业固定效应	YES	YES	YES
调整后的 R^2	0.08	0.17	0.07
观测值数量	17 943	1 965	15 978

注：表 2-6 总结了 CSR 和 PMC 对企业稳定性影响的 DID 估计结果。A 组中以 Stability 为被解释变量，B 组中以 RAR 作为被解释变量。CSR_dummy 是一个虚拟变量，在公司开始披露 CSR 时取值为 1，否则为 0。括号中报告的是标准误差基于时间和行业固定效应的 t 统计量。***、** 分别表示该系数在 1%、5% 的置信水平上呈现统计性显著。

四、公司稳定性的替代变量：违约距离（default distance，DD）

我们以上的主要结果分析均使用了 Z-score 作为企业稳定性的代理变量。

已有文献表明违约风险是衡量破产概率的一个很好的指标（Camara，2003；Verwijmeren and Derwall，2010；Camara et al.，2012）。因此，在本部分，我们应用莫顿（1973）的模型识别违约距离以进一步研究企业社会责任表现与公司稳定性之间的关系。

$$E = VN(d_1) - e^{-rT}DN(d_2)$$

$$d_1 = \frac{\ln\left(\frac{V}{D}\right) + \left(r + \frac{\sigma_A^2}{2}\right)(T)}{\sigma_A \sqrt{T}}$$

$$d_2 = d_1 - \sigma_A \sqrt{T} \tag{2.8}$$

其中，V 是公司资产的价值，E 是公司股权的市场价值，D 是公司的债务价值，r 是无风险利率，T 是 1 年，N（.）是累积标准正态分布，d_1 和 d_2 是标准正态分布函数。违约距离取值越大代表该企业的稳定性越高。

表 2－7 显示系数 CSR 和 CSRs 在总样本和高产品市场竞争（High_PMC）的子样本中均显著为正，这与我们的上述结果是一致的。此外，我们同时采用 2SLS 方法［即方程（2.5）和方程（2.6）］以及 DID 模型［方程（2.7）］来考虑内生性问题，我们发现用违约距离回归的结果（未展示该结果）与表 2－7 的结果类似，这就进一步支持了我们的假设。

表 2－7　CSR 和产品市场竞争对企业稳定性的影响：违约距离

	（1）总样本		（2）Low_PMC 子样本		（3）High_PMC 子样本	
	模型 1	模型 2	模型 3	模型 4	模型 5	模型 6
截距项	6.266*** (8.06)	7.029*** (9.24)	9.068 (1.58)	10.150* (1.69)	6.151*** (8.00)	6.871*** (9.20)
CSR	0.018*** (3.09)		0.025 (0.93)		0.017*** (2.91)	
CSRs		0.219*** (3.02)		0.315 (0.93)		0.207*** (2.83)
控制变量	YES	YES	YES	YES	YES	YES
年度固定效应	YES	YES	YES	YES	YES	YES
行业固定效应	YES	YES	YES	YES	YES	YES

续表

	(1) 总样本		(2) Low_PMC 子样本		(3) High_PMC 子样本	
	模型 1	模型 2	模型 3	模型 4	模型 5	模型 6
调整后的 R^2	0.58	0.58	0.59	0.59	0.60	0.60
观测值数量	1 498	1 498	171	171	1 327	1 327

注：表 2－7 总结了以违约距离为企业稳定性的代理变量的 CSR 和 PMC 对企业稳定性影响的估计结果。CSR 是企业社会责任表现的等级评分，范围从 1～100。CSRs 是标准化的 CSR 等级评分。括号中报告的是标准误差基于时间和行业固定效应的 t 统计量。*** 和 * 分别表示该系数在 1% 和 10% 的置信水平上呈现统计性显著。

第六节　结　　语

本章通过深入探讨企业稳定性问题，为研究企业社会责任表现与公司财务绩效这一议题提供了新的视角。使用来自润灵环球 CSR 评级体系独特的 CSR 评级得分，我们发现企业社会责任表现较好的公司往往更稳定。这种正向且显著的关系在竞争性行业中变得尤为突出。不管是使用不同的方法来衡量企业社会责任表现或企业稳定性，还是在考虑了内生性问题后，我们的这些发现都是稳健的。

实证结果与以下观点是一致的，即具有道德前瞻性的管理者已经开始认识到企业社会责任作为一种有效风险管理工具的价值，进而可以通过较好的企业社会责任表现提高企业的稳定性。当公司面临的竞争比较激烈时，市场更愿意相信这些具有社会责任感的公司。我们的研究结果强调了管理者参与企业社会责任活动动机的重要性，管理者应该更加关注一般利益相关者的利益，这可能会降低信息不对称的成本和公司陷入财务困境的可能性。本书也提出，产品市场竞争可以帮助投资者将符合企业和社会利益的举措与引起公司不稳定的因素区分开来。

本书认为在中国股票市场背景下获得的证据，对其他处于转型期经济体同样具有较高的借鉴意义。这些结果对未来的研究具有一定的启示。研究人员必须分别进一步检测出每个细部企业社会责任表现对企业稳定性的影响，并确定哪一个细部维度对本章已发现的正相关关系更为重要。

本章主要变量描述如表 2 - 8 所示。

表 2 - 8　　主要变量描述

被解释变量	定义
Stability	由式（2. 1）计算出来的数值的自然对数
RAR	由式（2. 2）计算出来的数值的自然对数
主要解释变量	
CSR	润灵环球 CSR 评级得分，最高取值 100，最低取值 1
CSRs	标准化的 CSR 评级得分，该公司的 CSR 评级得分与其行业 CSR 平均得分之差与行业内 CSR 标准方差的比例（Pan et al. , 2015）
CSR_dummy	CSR 披露的虚拟变量，在公司开始披露 CSR 时取值为 1，否则为 0
HHI	HHI 指数计算的是该行业中所有公司的市场份额平方之和
公司层面特征	
SIZE	企业规模，用总资产的自然对数来衡量
LIQ	流动性资产与总资产的比率
LEV	企业杠杆率，用公司债务价值与所有者权益之比来衡量
PF	盈利能力，是息税前利润与资产账面价值的比率
MB	股票的市场价值同账面价值之比
公司治理变量	
SLS	最大股东的持股比例（%）
SMS	内部经理人的持股比例（%）（Oswald and Jahera，1991）
Gov	政府持股比例（%）
Corporation	公司法人的持股比例（%）
Relate	虚拟变量，衡量的是前十大股东的关联性，如果企业前十大股东具有关联关系时取值为 1，否则为 0
CEO_DUALITY	虚拟变量，衡量的是 CEO 两职合一，如果一个公司拥有独立的 CEO 和董事会主席时取值为 0，否则为 1
IND	董事会中独立外部股东的占比

续表

公司治理变量	定义
ABPDS	董事高管平均工资的自然对数
C_Dir	一年中董事变更的频率
C_CEO	一年中 CEO 变更的频率

CSR 分组统计性描述和四个维度对公司稳定性的影响如表 2-9、表 2-10 所示。

表 2-9　CSR 分组统计性描述

	0	1	2	3	4	5	6	7	8	9	(9-0)	t 值
Stability	3.53	3.75	3.78	3.80	3.69	3.73	3.77	3.68	3.77	3.87	0.35	4.23***
RAR	1.04	1.23	1.23	1.25	1.17	1.26	1.35	1.28	1.40	1.56	0.52	5.57***
CSR	22.41	26.16	28.36	30.18	31.98	34.08	36.69	40.93	48.65	66.04	43.64	79.37***
CSRs	-1.13	-0.82	-0.65	-0.50	-0.36	-0.19	0.01	0.35	0.96	2.36	3.49	90.46***
HHI	0.01	0.01	0.01	0.00	0.01	0.01	0.01	0.01	0.03	0.02	0.01	1.98**
SIZE	22.54	22.51	22.70	22.68	22.76	22.94	23.11	23.23	23.54	24.77	2.23	23.26***
LEV	0.45	0.44	0.44	0.46	0.45	0.45	0.46	0.49	0.49	0.62	0.16	8.56***
PF	0.04	0.04	0.05	0.05	0.05	0.05	0.05	0.04	0.05	0.04	0.00	-0.13
MB	3.43	3.27	3.23	3.47	3.07	3.14	3.10	3.04	2.97	1.85	-1.58	-8.75***
SOE	0.14	0.12	0.13	0.15	0.16	0.17	0.21	0.22	0.13	0.10	-0.04	-1.72*
SLS	0.36	0.36	0.38	0.38	0.38	0.37	0.40	0.38	0.40	0.44	0.08	5.73***
SMS	0.04	0.06	0.07	0.06	0.05	0.05	0.05	0.04	0.04	0.01	-0.03	-4.12***
Gov	0.06	0.04	0.07	0.05	0.08	0.06	0.08	0.09	0.11	0.10	0.04	2.93***
Corporation	0.04	0.05	0.05	0.05	0.05	0.03	0.04	0.04	0.06	0.03	-0.01	-0.75
Relate	0.37	0.42	0.41	0.38	0.40	0.39	0.39	0.45	0.44	0.47	0.10	2.56***
DAC	0.13	0.15	0.15	0.15	0.17	0.15	0.15	0.16	0.14	0.03	-0.11	-4.89***
IND	0.37	0.38	0.37	0.37	0.37	0.37	0.37	0.37	0.38	0.37	0.01	1.26
ABPDS	12.20	12.22	12.21	12.19	12.34	12.47	12.36	12.54	12.70	12.80	0.60	5.77***
C_Dir	0.10	0.10	0.14	0.09	0.13	0.09	0.13	0.11	0.12	0.15	0.05	1.82*
C_CEO	0.14	0.16	0.13	0.15	0.13	0.15	0.13	0.15	0.13	0.12	-0.02	-0.83

表 2-10　　CSR 四个维度对公司稳定性的影响

A 组：Stability 作为被解释变量										
	模型 1	模型 2	模型 3	模型 4	模型 5	模型 6	模型 7	模型 8	模型 9	模型 10
截距项	3.647*** (7.06)	3.836*** (7.28)	3.626*** (6.96)	3.719*** (7.06)	3.862*** (7.20)	3.787*** (6.94)	4.023*** (7.21)	3.737*** (6.76)	3.773*** (7.04)	3.992*** (7.07)
M_value	0.009 (1.59)				-0.003 (-0.24)					
C_value		0.010*** (2.34)			0.015* (1.73)					
T_value			0.016 (1.34)		-0.016 (-0.70)					
I_value				0.027* (1.72)	0.010 (0.53)					
M_values						3.787*** (6.94)				-0.005 (-0.10)
C_values							0.040* (1.65)			0.089* (1.79)
T_values								0.059*** (2.38)		-0.045 (-0.91)
I_values									0.034 (1.34)	0.018 (0.57)

续表

A 组：Stability 作为被解释变量										
	模型 1	模型 2	模型 3	模型 4	模型 5	模型 6	模型 7	模型 8	模型 9	模型 10
控制变量	YES	YES	YES	YES	YES	YES	YES	YES	YES	YES
年度固定效应	YES	YES	YES	YES	YES	YES	YES	YES	YES	YES
行业固定效应	YES	YES	YES	YES	YES	YES	YES	YES	YES	YES
调整后的 R^2	0.11	0.11	0.11	0.11	0.11	0.11	0.11	0.11	0.11	0.11
观测值数量	2 263	2 263	2 263	2 263	2 263	2 263	2 263	2 263	2 263	2 263

B 组：RAR 作为被解释变量										
	模型 1	模型 2	模型 3	模型 4	模型 5	模型 6	模型 7	模型 8	模型 9	模型 10
截距项	−1.739*** (−3.14)	−1.439*** (−2.56)	−1.519*** (−2.73)	−1.701*** (−3.02)	−1.405*** (−2.46)	−1.609*** (−2.75)	−1.193** (−2.01)	−1.266** (−2.14)	−1.660*** (−2.89)	−1.187** (−1.97)
M_value	0.009 (1.50)				−0.025** (−2.06)					
C_value		0.013*** (2.84)			0.018** (1.97)					
T_value			0.035*** (2.67)		0.039 (1.56)					
I_value				0.025 (1.48)	−0.001 (−0.04)					
M_values						0.039 (1.51)				−0.113** (−2.13)

续表

B 组：RAR 作为被解释变量										
	模型 1	模型 2	模型 3	模型 4	模型 5	模型 6	模型 7	模型 8	模型 9	模型 10
C_values							0.077 *** (2.90)			0.108 ** (2.02)
T_values								0.073 *** (2.73)		0.086 (1.61)
I_values									0.039 (1.47)	-0.009 (-0.26)
控制变量	YES	YES	YES	YES	YES	YES	YES	YES	YES	YES
年度固定效应	YES	YES	YES	YES	YES	YES	YES	YES	YES	YES
行业固定效应	YES	YES	YES	YES	YES	YES	YES	YES	YES	YES
调整后的 R^2	0.19	0.19	0.19	0.19	0.19	0.19	0.19	0.19	0.19	0.19
观测值数量	2 098	2 098	2 098	2 098	2 098	2 098	2 098	2 098	2 098	2 098

注：表 2－10 展示的是 CSR 四个维度和公司稳定性的回归结果。A 组中以 Stability 为被解释变量，B 组中以 RAR 作为被解释变量。四个 CSR 相关的维度分别为：整体性维度（M_value）、内容性维度（C_value）、技术性维度（T_value）和行业指标维度（I_value）。各个维度的标准化形式分别为：标准化的整体性维度（M_values）、标准化内容性维度（C_values）、标准化技术性维度（T_values）和标准化行业指标维度（I_values）。括号中报告的是标准误差基于时间和行业固定效应的 t 统计量。***、**、* 分别表示该系数在 1%、5% 和 10% 的置信水平上呈现统计性显著。

第三章
企业社会责任表现对管理者短视行为的影响

本章试图检验中国上市公司履行企业社会责任是减轻还是加剧了管理层的短期主义。通过使用盈余管理作为管理层短视主义的代理变量，本章的实证结果表明企业社会责任感较强的公司会倾向于较少地参与应计盈余管理活动和真实盈余管理活动。这一发现支持了以下观点，即企业社会责任表现较好的公司不只是关注公司的当前利润，更加注重公司要保持长期的可持续发展。进一步的实证结果表明，企业社会责任对管理层短视主义的调节性作用仅对强制性披露企业社会责任报告的公司具有显著的影响。这就意味着处于监管状态下披露的非财务信息报告可能有减少信息不对称性的作用，同时可以有效地限制管理层的短视主义。

第一节　引　言

管理者的理想目标是在实现短期盈利目标的同时，尽可能确保公司价值的长期增长。然而，不管是在学术界还是实业界，均发现管理者通常倾向于作出有利于公司达到短期收益目标的决策，但这一决策往往以牺牲公司价值的长期增长为代价，同时导致公司必须放弃一部分有价值的投资，因此对股东的长期价值也造成了毁灭性的影响（Narayanan，1985；Stein，1989；Graham et al.，2005；Roychowdhury，2006；Davies et al.，2014）。针对这一问题，已有研究主要关注外部因素对于管理者短视行为的抑制作用，例如，公司加强对管理者行为的监督和给予管理者股权激励，以减轻管理层的短期主义（Bushee，1998；Bhojraj et al.，2009；Brochet，Loumioti and Serafeim，2015）。与以上研究不同，本书从内部因素的视角出发，即管理者被赋予较高的社会责任感和道德操守，研究企业社会责任是否可以显著地约束管理层短视主义的行为。

虽然学术界已开始广泛关注管理者短视主义这一议题，但是在实证研究上对管理层短期主义的衡量仍存在较大困难。已有大量研究通过无形资产投资来衡量管理层短视行为（Baber et al.，1991；Dechow and Sloan，1991；Bushee，1998；Graham et al.，2005），而最近的一些研究侧重于采用管理者通过操纵财务报表以达到短期盈利目标的行为来反映管理层的短视主义（Call et al.，2014；Chen et al.，2015）。具体来说，他们认为盈余管理（earnings management，EM）准确地捕捉到了管理者短视主义的本质，是一个理想的管理者短视主义的代理变量。因此，在本章中，我们也采用盈余管理作为管理层短视主义的代理变量。

关于企业社会责任绩效对盈余管理的影响作用已成为会计学和公司治理研究的重要议题之一。但是以往的研究主要集中在发达资本市场，特别是美国股票市场。本书的主要目的是将这一框架扩展至中国市场，我们选取这一样本的主要原因有以下三点。第一，相对于发达资本市场的上市公司而言，中国企业的盈余报告质量相对较低（Allen et al.，2005）。第二，在美国，企业社会责任的概念已经演进了几十年，大多数规模较大的公司倾向于自愿参与各类企业社会责任活动，并据此发布相关的企业社会责任报告，披露其过去一个会计年度的企业社会责任表现（Dhaliwal et al.，2011）。相比之下，中国政府在 2001 年才开始鼓励企业在实现盈利之外，还需要承担社会责任（Moon and Shen，2010）。第三，与发达市场相比，中国股票市场具有对中小投资者的保护相对较弱和公司治理水平相对较差等特点。基于以上中国股票市场的特征机制，本章重点研究中国上市企业的盈余管理行为和企业社会责任绩效之间的关联关系。

2008 年 12 月，上海证券交易所（SHSE）和深圳证券交易所（SZSE）强制要求一部分中国上市公司每年定期披露其企业社会责任报告，包括公司治理板块样本中的公司、在境外有发行外资股的公司和金融类的公司，并鼓励其他公司进行企业社会责任报告披露。随着政府和各相关管理部门对企业承担社会责任越来越重视，越来越多的上市公司开始自愿披露其企业社会责任报告。与以往研究基于自愿披露企业社会责任报告的样本不同，上述 2008 年的规定，为本书提供了一个准自然实验的机会，即把总样本区分为自愿性和强制性披露企业社会责任报告的两个子样本。因此，本书研究的第二个问题是检验企业社会责任报告的披露意愿是否以及如何影响企业社会责任表现与盈余管理之间的关联关系。

本书采用润灵环球 CSR 评级体系（RKS）独特的 CSR 评分数据，以 2009 ~ 2015 年期间的中国上市公司为样本，通过实证研究发现，具有出众企业社会责任表现的公司较少地运用会计方法进行应计盈余管理（accrual-based EM，AEM）。其中，我们以应计会计质量为应计盈余管理的代理变量，较低的应计会计质量代表较多地使用会计方法进行盈余管理。同时，本书发现企业社会责任表现较好的公司也较少通过构造真实交易进行真实盈余管理（real EM，REM）。这一研究结果的潜在影响机制是管理者承担企业社会责任可以促进其进行前瞻性的思考，进一步提高上市公司的信息透明度（Orlitzky et al.，2003；Porter and Kramer，2006；Kim et al.，2012；Wang et al.，2016）。因此，具有社会责任感的企业不仅关注短期利润，还致力于保持公司的长期可持续发展（Gelb and Strawser，2001；Chih et al.，2007；Choi and Pae，2011）[①]。

接下来，本书将总样本分为两个子样本：自愿性披露企业社会责任报告的公司和强制性披露企业社会责任报告的公司。实证结果表明，只有在强制性披露 CSR 报告的子样本中，企业社会责任绩效与盈余管理之间的显著负相关关系才存在。因此，监管机构对非财务报告披露的强制要求可能会减少内外部投资者的信息不对称性，并可以有效限制管理层短视主义行为。相反的是，在上市公司选择自愿披露其 CSR 报告时，企业社会责任表现则不能发挥其对盈余管理的调节作用。因此，如果没有相关职能部门参与监督，管理者则倾向于战略性地通过参与企业社会责任活动并披露其 CSR 表现来追求个人利益，而不考虑企业的长期可持续发展。

当使用其他三个企业社会责任表现的替代代理变量对上述发现进行检验时，本书的实证结果依然稳健。同时，本章的模型控制了其他可能影响盈余管理的因素，并考虑了内生性问题后，依然发现企业社会责任绩效和盈余管理呈负向且显著的关系，这一关系在强制披露 CSR 报告的子样本中更加显著。此外，相对于规模较小的公司，规模较大的公司（在中国的样本中通常为国有企业，state-owned entrepreneurs，SOEs）往往被要求披露 CSR 报告，同时其管理者也具有较少参与盈余管理的特点，所以，本书要进一步检验我们的已有发现在多大程度上依赖于大公司样本。相应地，本章将大公司（国有企业）剔除出样本，实证结果仍发现企业社会责任表现和盈余管理之间呈现出显著的负相关关系（详见表 3 - 10 和表 3 - 11）。总体而言，本章的研究结果支持了我们的观点，即有社会责任感的管理者通常较少地通过运用会计方法或者安排真实交易来改变

---

① 我们实证检验了这一观点。具体而言，我们首先将同时期的公司财务表现（在第 t 年的 ROA）和企业社会责任绩效（在第 t 年的 CSR 评级得分）进行回归，结果显示两者具有正相关关系。接着，我们检验公司当年的企业社会责任表现（在第 t 年的 CSR 评级得分）是否可以预测公司未来的财务绩效（分别使用第 t + 1、t + 2、t + 3、t + 4 年的 ROA），我们依然发现了一个正向且显著的相关关系。

财务报告，这就表明企业社会责任有效地约束了管理层的短视行为，特别是当他们的 CSR 活动受到严格监督时。

本章的贡献主要体现在以下三个方面：首先，与已有研究主要关注自愿性披露企业社会责任报告的样本不同，本书将总样本区分为自愿性披露 CSR 报告的子样本和强制性披露 CSR 报告的子样本，并分别在两个子样本中研究企业社会责任绩效对管理层短视主义行为的影响。本章的结果显示具有企业社会责任感的中国上市公司倾向于较少地参与盈余管理活动，而且，这一发现仅适用于强制性披露 CSR 报告的子样本。本章的结果丰富了上市公司在新兴经济体中履行企业社会责任所产生的经济后果的研究。此外，王雪等（2016）的研究与本章的研究较为接近，专门研究了强制性披露 CSR 报告的中国上市公司样本。他们的文章同样将 2008 年企业社会责任强制性披露要求作为一个准自然实验，并发现被要求披露企业社会责任报告的公司在 2008 年“之后”较少地使用会计方法进行应计盈余管理。在此，我们称之为“企业社会责任披露效应”。相比之下，本章使用 RKS 在公司层面的 CSR 评级得分，分别检验了在强制性披露 CSR 报告和自愿性披露 CSR 报告的两个子样本中，企业社会责任绩效对盈余管理的影响。在此，我们称之为“企业社会责任绩效效应”。王雪等（2016）主要关注 CSR 的“披露”效应，而忽略了 CSR 的“绩效”效应。因此，本章的研究补充了王雪等（2016）的研究内容，即检验企业社会绩效对盈余管理在强制性披露企业社会责任报告的子样本中是否具有显著的影响作用。

本章的其余部分安排如下。在第二节为制度背景介绍，回顾了本章节研究的制度背景，即我国企业社会责任发展的现状。第三节为相关文献回顾和假说的提出，讨论了管理者短视主义的相关文献，并据此提出了本书的假设。第四节为样本和研究设计，对样本、数据和主要解释变量进行了描述。第五节为主要实证结果和稳健性检验，主要介绍了本书的实证结果和一些稳健性检验。第六节为结语。

第二节　制度背景介绍

自 1978 年改革开放以来，中国经济经历了突飞猛进的发展，但与此同时环境和安全问题也不断涌现。尤其是在2008年，“三鹿奶粉”丑闻吸引了公众对公司履行企业社会责任的注意力。政府、企业和社会公众已经开始担忧社会责任和经济可持续发展的问题。随之，中国政府和股票交易所陆续颁布了一系列关于企业社会责任的法律法规和相关准则。

2001年中国证券监督管理委员会和国家经济贸易委员会要求公司考虑所有利益相关者的利益和福利、环境保护以及所处社区的公共利益。根据《公司法》（2005年修订）第五条和第十七条的规定，公司被要求遵守社会道德和商业道德并承担相应的社会责任。2008年，国务院国有资产监督管理委员会要求中央政府所有制企业（central-government-owned enterprises，CSOEs）建立企业社会责任履行机制和强制性企业社会责任信息报告的报告制度。国务院国有资产监督管理委员会相应地提供政策指引和绩效指标，指导不同行业的中央企业履行企业社会责任报告。

对于上市公司，深圳证券交易所于2006年9月推出了《上市公司社会责任指引》，鼓励上市公司编制企业社会责任报告和年度报告。上海证券交易所也提供了两条指导方针，鼓励所有上市公司披露与经济、社会和环境方面有关的非财务信息。2008年12月，中国证券监督管理委员会发布了《关于做好上市公司2008年年度报告相关工作的通知》（以下简称《通知》），其中要求一部分上市公司随着2008年年报一起提交它们的企业社会责任报告。根据《通知》规定，被要求强制披露企业社会责任报告的上市公司有：深圳证券交易所的深证100指数样本中的所有上市公司和上海证券交易所中的三种类型的公司即在公司治理指数（CGSI）样本中的所有公司、金融行业上市公司以及股票同时在海外上市的公司。此外，上海证券交易所在2009年推出了企业社会责任指数。

此外，也有一些上市公司愿意自行披露其企业社会责任报告。与强制性企业社会责任报告相比，此类自愿性企业社会责任报告披露的内容相对不太全面并且包含的信息也较为模糊（Dhaliwal et al.，2011）。王雪等（2016）进一步认为，管理者会因其战略考虑而自愿披露企业社会责任报告。截至2015年，中国上市公司共提交了408份强制性企业社会责任报告和293份自愿性企业社会责任报告。如此数量的样本有助于我们区分强制性和自愿性披露企业社会责任报告的动机，并分别检验其对管理层短视主义的影响。

第三节　相关文献回顾和假说的提出

一、盈余管理相关文献

本节简要回顾了已有文献中提出的盈余管理的基本类型，并总结了盈利管理对于公司长期价值的意义。希利和瓦伦（Healy and Wahlen，1999）指出，企业管理层运用会计方法或者安排真实交易来改变财务报告，以误导利益相关者对公司业绩的理解或者影响以报告盈余为基础的合约。因此，企业管理层在公司的财务报告和投资决策方面拥有很大的自由度和裁量权。

已有研究发现公司进行盈余管理的方式主要有两类：一类是运用会计方法而进行的应计盈余管理；另一类是构造真实交易而进行的真实盈余管理。基于权责发生制的盈余管理是指在财务报表中记录一种给定的交易时，应用的估量方法或会计记账方式的变化（Zang，2012）。例如，管理者可以在不改变某类交易的经济性质的前提下，选择更改固定资产的折旧方法、坏账减值准备或库存成本的方法以虚报其盈余。已有研究表明，管理层倾向广泛参与围绕公司重大决策的应计盈余管理，例如，首次公开募股（Teoh et al.，1998a）、股票的二次发售（Rangan，1998；Teoh et al.，1998b）以及股票回购（Gong et al.，2008）。即使应计盈余管理不会改变一项交易的结构或时间，但是它会使公司的财务信息披露变得相对不透明，从而产生信息风险。已有研究证实了这一观点，发现应计盈余管理对公司资本成本的负面影响具有经济学和统计学意义上的双重显著性（Aboody et al.，2005；Francis et al.，2008；Chung et al.，2010；Ki Mand Qi，2010；Bhattacharya et al.，2013），从长远角度来看，应计盈余管理最终导致公司价值被侵蚀。

与应计盈余管理相比，真实盈余管理没有改变某一交易的具体会计记账方法，而是通过改变公司的实际经济活动来实现。真实盈余管理是管理层偏离正常运营实践的一些经济行为，其动机是管理者希望误导至少一部分利益相关者相信公司通过其正常运营，已达到某一财务报表目标（Roychowdhury，2006）。相关研究已证实，管理层人员如果有意夸大盈余报告，就会系统性地加快销售和产能过剩的速度，并有目的地降低研发支出成本（Bushee，1998；Roychowdhury，2006；Bhojraj et al.，2009；Cohen and Zarowin，2010）。由于真实盈利管理是通过改变公司运营结构实现的，相较于应计盈余管理，真实盈余管理对公司长期价值的影响更为严重，所以真实盈余管理在实际操作中并不具有持续性。与应计盈余管理类似，真实盈余管理的存在降低了公司财务信息的披露质量，这就进一步导致公司资本成本的增加。此外，真实盈余管理对公司的长期盈利能力和竞争力也是不利的（Kothari et al.，2012），因此其对于公司未来的现金流具有长期的负面影响。进一步的研究发现，虽然公司在股票二次发售之前，其管理层对于应计盈余管理和真实盈余管理均有参与，但是二次发售完成之后的公司较差的财务表现主要来源于真实盈余管理（Cohen and Zarowin，2010）。

二、企业社会责任作为盈余管理决定因素的理论分析

公司金融和会计学领域的学者仍在就企业社会责任和管理者短期主义之间的关系进行讨论，尚未得出一致结论。第一种观点是基于长期发展视角，认为企业社会责任可以促进管理者形成前瞻性思考的习惯（Orlitzky et al.，2003；Porter and Kramer，2006）。具体而言，具有卓越企业社会责任表现的企业不仅仅以增加短期利润为目标，而且更加注重公司的长期可持续发展（Gelb and Strawser，2001，2007；Choi and Pae，2011）。因此，社会责任感较高的公司不太可能通过操纵实际经营活动来达到其短期盈余目标。同时，企业社会责任表现较好的公司通常提供较高的盈余质量，因为企业社会责任表现这一信息很好的向外部投资者展示了管理者的类型，因此，可以帮助投资者更好地评估财务报告的质量，进而降低了管理层和外部投资者的信息不对称性问题（Kim et al.，2012）。所以，已有学者提出企业社会责任表现较好的公司，其信息透明度更高

(Kim et al., 2012; Wang et al., 2016; Yang et al., 2018)。管理者不太可能在较高信息透明度的公司，操控盈余管理。此外，另外一部分学者发现，具有社会责任感的公司更加有道德、可信且诚实（Donaldson and Preston，1995；Jones，1995；Phillips et al., 2003；Ho et al., 2016)，因为这些公司的管理者通常被鼓励采纳以提升公司长期价值最大化的决策，从而较好地抑制了管理层短视主义行为。

第二种观点是基于管理者机会主义视角，即管理者可以将企业社会责任作为一种战略工具来掩盖其机会主义行为，例如，获得更高的薪酬（Bergstresser and Philippon，2004；Cheng and Warfield，2005）或避免严格的利益相关者监督和审查（Cespa and Cestone，2007；Ferrero et al., 2016)。为了追求私人利益，管理者可能通过参与企业社会责任活动来粉饰其盈利信息（Prior et al., 2008；Bozzolan et al., 2015；Gao and Zhang，2015)。因此，具有较高企业社会责任评级得分的公司更容易表现出激进的盈利主义（Chih et al., 2007；Prior et al., 2008；Liu et al., 2017)。

鉴于已有研究结果是相互矛盾的，那么本书的研究就变得很有必要，即进一步实证检验公司积极参与企业社会责任活动究竟是鼓励还是限制了管理层短视主义行为。为此，我们提出以下两种相悖的假设：

假设3-1a：基于长期发展视角来看，企业社会责任表现与盈余管理呈现出负相关关系。

假设3-1b：基于机会主义视角来看，企业社会责任表现与盈余管理呈现出正相关关系。

中国证监会2008年发布的通知以及随后上海、深圳两个证券交易所和相关机构所颁布的指引，均表明被要求强制披露企业社会责任报告的公司，其报告将会受到来自中国相关监管机构的严格管理和监督。此外，这些公司自然而然地吸引了众多投资者的注意，同时，随着它们的企业社会责任报告的披露，往往会进一步增加它们在公众面前的曝光度（Wang et al., 2016)。监管机构和外部投资者均可以起到有效监管公司运营的角色，因此，强制性披露的要求可以阻止管理者通过牺牲公司价值来追求自身利益的行为。此外，已有文献指出如果存在有效的内外部监督机制，管理者的机会主义行为在该种情况下是不被鼓励的（Choi et al., 2013)。因此，与自愿披露企业社会责任报告的公司相比，严格监管下的强制性披露企业社会责任报告的公司倾向于严格管控管理者将企业社会责任作为战略工具的行为，而鼓励他们从公司发展的长远角度做决策。基于此，我们提出以下假设。

假设3-2：企业社会责任绩效与盈余管理之间的负相关关系在强制性披露CSR报告的公司更为突出。

第四节　样本和研究设计

一、数据和样本

我们的公司财务数据来自国泰安数据库（CSMAR）的中国股市金融数据库；CSR数据来自润灵环球RKS企业社会责任评级数据库。润灵环球RKS是一个第三方评级机构，这就可以确保企业社会责任绩效评估的相对可靠性，同时，该数据也被广泛应用于中国企业社会责任的研究（Cohen et al.，2011；Marquis and Qian，2014）。本书的样本期从2009年开始，在该年度润灵环球RKS首次根据自身构建的评级体系，对中国上市公司披露的企业社会责任报告进行评级估分，并于2015年结束。我们的初始样本包括2009~2015年样本期间在上海证券交易所和深圳证券交易所上市的所有普通A股。接着，我们对初始样本进行了两个条件的筛选。首先，每家公司都必须拥有在润灵环球拥有企业社会责任评级得分。其次，我们删除了缺乏足够财务信息来衡量盈余管理的观测值。我们最终的样本包括3 409个公司年度观测值。

二、盈余管理的测量

我们采用应计盈余质量（accruals quality，AQ）作为衡量应计盈余管理

(AEM) 的代理变量。具体来说，该测量是基于对德蒙和迪切夫（Dechow and Dichev，2002）模型的修正，如下：

$$\frac{CAcc_{i,t}}{AT_{i,t-1}} = \emptyset_0 + \emptyset_1 \frac{CFO_{i,t-1}}{AT_{i,t-1}} + \emptyset_2 \frac{CFO_{i,t}}{AT_{i,t-1}} + \emptyset_3 \frac{CFO_{i,t+1}}{AT_{i,t-1}} + \emptyset_4 \frac{\Delta Rev_{i,t}}{AT_{i,t-1}} + \emptyset_5 \frac{PPE_{i,t}}{AT_{i,t}} + \varepsilon \tag{3.1}$$

其中，CAcc 是当前应计利润或营运资本的变化；CFO 是经营活动所产生的现金流；ΔRev 是公司收入的变化；PPE 是房产、厂房和设备；AT 是总资产的账面价值；ε 是误差项；而 AQ_i 是公司 i 针对模型（1）进行回归后剩余残差的标准差。AQ 值越大，代表应计盈余管理就越高。

与不影响公司现金流量的应计盈余管理相比，真实盈余管理（REM）是由企业改变其实际业务活动以实现其预期财务目标而发生的行为（Roychowdhury，2006）。已有研究发现，管理层倾向于同时参与应计盈余管理和真实盈余管理，且两者具有紧密的相关关系（Bushee，1998；Roychowdhury，2006；Cohen and Zarowin，2010，Chen et al.，2015）。特别需要指出的是，真实盈余管理对企业长期发展的影响更为深远。因此，在本书中，我们也关注企业社会责任表现较好的公司及其管理层参与真实盈余管理的行为。

根据已有相关研究，我们通过三种方法来测量真实盈余管理（Roychowdhury，2006；Cohen and Zarowin，2010；Chen et al.，2015）。第一个是异常生产成本法，通过以下回归进行估算：

$$\frac{PROD_{i,t}}{AT_{i,t-1}} = \gamma_0 + \gamma_1 \frac{1}{AT_{i,t-1}} + \gamma_2 \frac{SALE_{i,t}}{AT_{i,t-1}} + \gamma_2 \frac{\Delta SALE_{i,t}}{AT_{i,t-1}} + \gamma_3 \frac{\Delta SALE_{i,t-1}}{AT_{i,t-1}} + \varepsilon_{i,t} \tag{3.2}$$

其中，$PROD_{i,t}$是公司 i 的销售成本和从第 t－1 年到第 t 年的库存变化之和；$SALE_{i,t}$是公司 i 的销售收入。AT 是总资产的账面价值。

第二个是异常可自由支配费用法，通过以下回归进行估算：

$$\frac{DISX_{i,t}}{AT_{i,t-1}} = \beta_0 + \beta_1 \frac{1}{AT_{i,t-1}} + \beta_2 \frac{SALE_{i,t-1}}{AT_{i,t-1}} + \varepsilon_{i,t} \tag{3.3}$$

其中，$DISX_{i,t}$是公司 i 在第 t 年的研发、广告、销售以及一般和管理费用的总和，$SALE_{i,t}$是公司 i 的销售收入，AT 是总资产的账面价值。

第三个是异常经营现金流量法，按以下模型估算：

$$\frac{CFO_{i,t}}{AT_{i,t-1}} = \delta_0 + \delta_1 \frac{1}{AT_{i,t-1}} + \delta_2 \frac{SALE_{i,t}}{AT_{i,t-1}} + \delta_2 \frac{\Delta SALE_{i,t}}{AT_{i,t-1}} + \varepsilon_{i,t} \tag{3.4}$$

$CFO_{i,t}$是公司 i 在第 t 年的经营现金流量，$SALE_{i,t}$是公司 i 的销售收入，AT 是总资产的账面价值。

我们将异常生产成本（ABPROD），异常可自由支配费用（ABDISX）和异常经营现金流量（ABCFO）分别定义为回归方程（3.2）、方程（3.3）、方程（3.4）的残差项（Chen et al.，2015）。较高的 ABPROD 值、较低的 ABDISX 值和较低的 ABCFO 值均表示该公司管理层倾向于参与更多的真实盈余管理（即较高的 REM 值）。

为了进一步捕捉到真实盈余管理的整体特性，我们结合以上三个变量构建了两个真实盈余管理的指标（Cohen and Zarowin，2010；Chen et al.，2015）。第一个真实盈余管理复合指数（REM1）是 ABPROD 值和 ABDISX 值乘以 -1 的值之和；第二个真实盈余管理复合指数（REM2）是将 ABCFO 值和 ABDISX 值分别乘以 -1，然后将这两者相加在一起构成的。较高的 REM1 或 REM2 表示该公司管理层更倾向于参加真实盈余管理。

三、企业社会责任表现的测量

我们使用润灵环球 RKS 每年估算出来的 CSR 评级分数来衡量上市公司的企业社会责任绩效。该评分体系主要基于上市公司披露的 CSR 年报或者附属于财务年报的 CSR 报告内容，主要从四个维度的 153 项细部测量标准，对每个公司上一个会计年度的企业社会责任履行情况进行评估。其中，四个维度包括整体性（M - score）、内容性（C - score）、技术性（T - score）和分行业特征指数（I - score）。每项细部标准的详细定义见附录 A。RKS CSR 评级得分被广泛应用于中国企业社会责任的研究（Li，Zhang and Foo，2013；Li and Foo，2015）。CSR 评级得分的范围为从 1 ~ 100。此外，我们考虑采用标准化的企业社会责任评级得分（CSRs）作为企业社会表现的替代衡量标准，具体定义为该公司的 CSR 评级得分与其行业 CSR 平均得分之差与行业内 CSR 标准方差的比例（Pan et al.，2015）。较高的企业社会责任评级分数表示企业在社会责任方面投入了更多的精力并作出了更多的努力，而较低的企业社会责任评级分数则表明企业对环境保护、员工福利和关系、社区服务、公司治理、消费者关系、利益相关者利益和公平运营采取的措施较少。

四、控制变量的测量

本书将已有研究发现的影响盈余管理的潜在决定因素作为计量模型的控制变量（Bergstresser and Philippon，2004；Zang 2012；Chen et al.，2015）。企业规模（SIZE）是企业总资产的自然对数，现金流量（CF）是经营活动所产生的现金流量与总资产账面价值之比，现金流量波动率（CFV）是过去 3 年现金流量的标准差。负债率（DEBT）是总负债与总资产的比率。LOSS 是一个虚拟变量，如果公司的营业收入为负则取值为 1，否则为 0。AZ 是 Altman Z－score，它测量的是公司的违约概率。MB 是总资产的市场价值与其账面价值的比率。ROA 是资产回报率。表 3－1 中提供了每个变量的详细定义。

表 3－1　　主要变量描述

变量	定义
AQ	应计盈余质量，以应计盈余现金流的不确定性来衡量。AQ 值越高，代表盈余会计质量越低（Dechow and Dichev，2002）
AZ	Altman's Z－score，定义为［3.3×营业收入＋销售额＋1.4×留存收益＋1.2×（流动资产－流动负债）］/总资产
Beta	CAPM beta 系数，根据 CAPM 模型，回归过去 60 个月的收益得出
CF	现金流量比，营运现金流/总资产
CFV	现金流波动率，运营现金流在过去 3 年的标准差
CSR	RKS CSR 评级得分，取值范围从 1（最低）到 100（最高）
CSRs	标准化 CSR 评级得分，该公司的 CSR 评级得分与其所处行业 CSR 平均得分之差与行业内 CSR 标准方差的比例（Pan et al.，2015）
DEBT	负债率，总负债与资产账面价值之比
LOSS	亏损的虚拟变量，如果公司经营收入小于 0 则取值 1，否则为 0
Mandatory	强制性披露 CSR 报告的虚拟变量，如果公司被要求披露其 CSR 报告则取值为 1，否则为 0

续表

变量	定义
MB	市场账面比，总资产的市场价值与其账面价值的比率
Rating	CSR 评级水平，从最高值 AA +（被赋予数值 19，最高）到 CCC（被赋予数值 1，最低）
Ranking	CSR 排序水平，具体而言，拥有最高 CSR 评级分数的企业被赋予排序值 1，拥有第二高 CSR 评级分数的企业被赋予排序值 2，以此类推，拥有最低 CSR 评级分数的企业被赋予排序值 N（N 是我们样本中任一给定年份企业总数）
REM1	第一个真实盈余管理指数，被定义为 ABPROD + [(-1) × ABDISX]（Chen et al.，2015）
REM2	第二个真是盈余管理指数，被定义为 [(-1) × ABCFO] + [(-1) × ABDISX]（Chen et al.，2015）
RET	资产收益率
SIZE	公司规模，总资产的自然对数

五、描述性统计

表 3-2 的 A 组数据报告了整个样本的描述性统计。全样本的 CSR 平均值和中位数分别为 37.56 和 34.66。首先，CSR 平均数表明我们样本中的上市公司 CSR 评级得分相对较低。其次，相对较低的 CSR 中位数说明样本中的大多数中国企业的 CSR 评级得分低于样本的平均水平。AQ，REM1 和 REM2 平均值分别为0.06，-0.02 和 -0.03。平均而言，我们样本公司的规模为24.14，市值账面比为1.65，负债比为0.47。

表 3-2 的 B 组提供了强制性披露 CSR 报告的子样本和自愿性披露 CSR 报告子样本的描述性统计。平均而言，与自愿性披露 CSR 报告的公司相比，强制性披露 CSR 报告的公司具有优异的企业社会责任绩效且较少参与应计盈余管理和真实盈余管理。此外，强制性披露 CSR 报告的公司具有公司规模较大、负债率高、市场账面比低和资产回报率高等特点。有学者指出，由于本样本中强制性披露 CSR 报告的公司并非是随机选择的样本，则可能会导致我们的结果出现偏差。但是已有文献表明，相对于规模较小的公司，规模较大的公司通常拥有更

透明的信息环境，因此，强制性披露 CSR 报告的公司，其企业社会责任绩效对盈余管理的影响应该是被低估了，而非被高估（Wang et al.，2016）。

表 3－2　　　　描述性统计

A 组：全样本描述性统计

变量	均值	标准差	1%	Q1	中值	Q3	99%
AQ	0.06	0.05	0.01	0.03	0.05	0.07	0.23
REM1	－0.02	0.16	－0.47	－0.05	0.01	0.05	0.24
REM2	－0.03	0.19	－0.50	－0.09	0.00	0.05	0.33
CSR	37.56	12.94	17.89	28.58	34.66	42.82	78.14
CSRs	0.00	1.00	－1.43	－0.66	－0.26	0.33	3.26
Mandatory	0.66	0.47	0.00	0.00	1.00	1.00	1.00
SIZE	24.14	1.23	21.52	23.26	24.11	24.98	27.01
CF	0.09	0.19	－0.08	0.03	0.07	0.12	0.39
CFV	0.05	0.18	0.00	0.01	0.03	0.05	0.28
DEBT	0.47	0.22	0.02	0.31	0.48	0.64	0.94
LOSS	0.12	0.33	0.00	0.00	0.00	0.00	1.00
AZ	2.99	4.51	－0.13	0.94	2.25	3.95	13.61
MB	1.65	1.73	0.08	0.63	1.18	2.09	8.00
RET	0.09	0.15	－0.33	0.04	0.09	0.15	0.39

B 组：子样本描述性统计

变量	Mandatory CSR			Voluntary CSR			Difference	
	均值	中值	标准差	均值	中值	标准差	均值	t－值
AQ	0.05	0.04	0.04	0.07	0.05	0.07	－0.01	－5.22***
REM1	－0.02	0.01	0.14	－0.01	0.01	0.20	－0.01	－1.57
REM2	－0.04	－0.01	0.16	－0.02	0.00	0.24	－0.03	－4.15***
CSR	38.46	35.04	14.02	35.74	34.25	9.92	2.72	5.99***
CSRs	0.12	－0.19	1.09	－0.23	－0.39	0.74	0.34	9.83***
SIZE	24.38	24.38	1.21	23.67	23.62	1.11	0.71	17.05***
CF	0.09	0.07	0.11	0.09	0.07	0.27	0.00	0.01
CFV	0.05	0.03	0.11	0.05	0.03	0.28	－0.01	－0.99
DEBT	0.50	0.51	0.22	0.40	0.39	0.22	0.10	12.96***
LOSS	0.11	0.00	0.31	0.15	0.00	0.36	－0.05	－4.00***

续表

B 组：子样本描述性统计								
变量	Mandatory CSR			Voluntary CSR			Difference	
	均值	中值	标准差	均值	中值	标准差	均值	t－值
AZ	2.95	2.15	3.70	3.04	2.37	5.65	－0.09	－0.54
MB	1.47	1.01	1.54	2.16	1.60	2.10	－0.69	－11.04***
RET	0.10	0.10	0.12	0.07	0.08	0.21	0.03	5.76***

注：A 组展示了全样本的描述性统计结果。B 组报告了强制性披露 CSR 的子样本（Mandatory CSR）和自愿性披露 CSR 的子样本（Voluntary CSR）的描述性统计结果。AQ 代表应计盈余质量。REM1 是第一个真实盈余管理指标，REM2 是第二个真实盈余管理指标。CSR 代表企业社会责任表现的原始评级得分，CSRs 是标准化 CSR 评级得分。Mandatory 是一个虚拟变量，如果公司被要求披露其 CSR 报告则取值为 1，否则为 0。SIZE 代表公司规模，CF 代表经营现金流与总资产的比率，CFV 是现金流的波动性。DEBT 是负债率。LOSS 是损失虚拟变量，如果公司运营收入为负则取值为 1，否则为 0。AZ 是 Altman's Z－score。MB 是总资产的市值账面比，RET 代表资产收益率。

表 3－3 给出了前面章节中所讨论的变量的 Pearson 相关系数矩阵。我们可以发现，不管是原始 CSR 评级得分还是标准化的 CSR 评级得分，均与 AQ 和两个 REM 指数呈负相关，这就初步证实了我们的假设 1，即企业社会责任表现较好的公司，其管理层倾向较少地参与盈余管理。此外，我们的控制变量之间相关系数较小，这种弱相关性表明它们可以很好地反映盈余管理不同方面的特征，同时也说明在本书的回归模型中多重共线性不是一个严重的需要解决的问题①。

表 3－3　　Pearson 相关系数矩阵

序号	变量	(1)	(2)	(3)	(4)	(5)	(6)	(7)	(8)	(9)	(10)	(11)	(12)	(13)
(1)	AQ	1.00												
(2)	REM1	**－0.08**	1.00											
(3)	REM2	**－0.09**	**0.87**	1.00										
(4)	CSR	**－0.12**	－0.01	**－0.04**	1.00									
(5)	CSRs	**－0.12**	**－0.03**	**－0.06**	**0.93**	1.00								
(6)	SIZE	**－0.08**	0.01	**0.03**	**0.31**	**0.32**	1.00							
(7)	CF	**0.09**	**－0.55**	**－0.68**	0.00	0.00	**－0.05**	1.00						

① 我们同样使用方差膨胀因子（VIFs）来检验多重共线性，我们发现所有的 VIFs 值均小于 10，因此，我们认为多重共线性在我们的模型设置中不是一个严重的问题。

续表

序号	变量	(1)	(2)	(3)	(4)	(5)	(6)	(7)	(8)	(9)	(10)	(11)	(12)	(13)
(8)	CFV	**0.16**	**-0.05**	**-0.08**	-0.02	-0.02	-0.03	**0.16**	1.00					
(9)	DEBT	**-0.12**	**0.15**	**0.14**	**0.11**	**0.17**	**0.24**	**-0.18**	**-0.07**	1.00				
(10)	LOSS	**0.06**	**0.18**	**0.16**	-0.02	**-0.06**	**-0.04**	**-0.17**	0.00	**0.11**	1.00			
(11)	AZ	**0.16**	**-0.41**	**-0.45**	**-0.09**	**-0.04**	**-0.07**	**0.66**	0.03	0.00	**-0.06**	1.00		
(12)	MB	**0.09**	**-0.16**	**-0.12**	**-0.17**	**-0.18**	**-0.11**	**0.16**	**0.05**	**-0.44**	**-0.07**	**0.07**	1.00	
(13)	RET	0.02	**-0.23**	**-0.24**	**0.06**	**0.10**	**0.07**	**0.24**	0.02	**-0.04**	**-0.42**	**0.10**	**0.15**	1.00

注：表3-3展示了样本中所有变量两两之间的Pearson相关系数。黑色字体表示该相关系数至少在10%的置信水平上显著。

第五节　主要实证结果和稳健性检验

一、企业社会责任表现对盈余管理的影响

在本节中，我们将进一步探究企业社会责任表现对盈余管理的影响作用，我们把盈余管理、企业社会责任表现和其他潜在决定盈余管理的因素进行回归，如下：

$$EM_{i,t} = \alpha_0 + \alpha_1 CSR_{i,t-1} + \alpha_2 SIZE_{i,t-1} + \alpha_3 CF_{i,t-1} + \alpha_4 CFV_{i,t-1} + \alpha_5 DEBT_{i,t-1} + \alpha_6 LOS + \alpha_7 AZ_{i,t-1} + \alpha_8 MB_{i,t-1} + \alpha_9 RET_{i,t-1} + IND + YEAR + \varepsilon_{i,t} \quad (3.5)$$

其中，EM是盈余管理，我们使用AQ，REM1和REM2作为盈余管理的代理变量；CSR是企业社会责任绩效，我们使用原始CSR评级得分和标准化的CSR评级得分作为其代理变量；各控制变量及其定义如第四节所述。该模型使用普通最小二乘法，同时控制了时间（年度）固定效应和个体（行业）固定效应。

表3－4展示了该基础回归的估计结果。我们使用AQ[①]作为应计盈余管理的代理变量且在模型1和模型2中作为被解释变量，发现系数CSR和CSRs均为负向且显著，表明具有企业社会责任表现较好的公司更少参与应计盈余管理活动。模型1和模型2中的控制变量系数与相关研究的结果基本保持一致（Bergstresser and Philippon，2004；Zang 2012；Chen et al.，2015）。例如，AQ与现金流波动率、损失的虚拟变量以及Altman Z－score呈正相关，这就表明越不稳定的公司，其管理层越倾向于人为“管理”盈余报告。AQ与市值账面比之间呈正相关，但与负债率呈负相关。

表3－4　　　　EM和CSR的OLS回归结果：全样本

	AQ		REM1		REM2	
	模型1	模型2	模型3	模型4	模型5	模型6
截距项	－0.0134 （－0.47）	－0.0243 （－0.82）	0.2282*** （3.06）	0.1916*** （2.51）	0.4589*** （6.10）	0.4191*** （5.44）
CSR	－0.0002*** （－2.82）		－0.0008*** （－3.71）		－0.0009*** （－3.83）	
CSRs		－0.0029*** （－2.78）		－0.0099*** （－3.62）		－0.0105*** （－3.83）
SIZE	0.0033*** （2.92）	0.0033*** （2.92）	－0.0068** （－2.33）	－0.0068*** （－2.34）	－0.0142*** （－4.82）	－0.0142*** （－4.81）
CF	0.0108 （0.84）	0.0108 （0.84）	－0.3107*** （－8.59）	－0.3108*** （－8.60）	－0.7847*** （－21.52）	－0.7848*** （－21.52）
CFV	0.0329*** （7.00）	0.0329*** （7.01）	－0.0001 （－0.01）	0.0001 （0.00）	－0.0050 （－0.36）	－0.0049 （－0.35）
DEBT	－0.0225*** （－3.92）	－0.0225*** （－3.91）	－0.0041 （－0.27）	－0.0041 （－0.26）	－0.0402*** （－2.59）	－0.0401*** （－2.59）
LOSS	0.0123*** （3.67）	0.0123*** （3.68）	0.0228*** （2.52）	0.0229*** （2.52）	0.0055 （0.61）	0.0056 （0.62）
AZ	0.0022*** （7.82）	0.0022*** （7.82）	－0.0021*** （－2.70）	－0.0021*** （－2.69）	0.0007 （0.92）	0.0007 （0.92）

① 因为在方程（3.1）中存在较多的缺失变量，所以AQ的测量值数量较少。因此，关于AQ回归模型的观测值均小于REM1和REM2的回归。

续表

	AQ		REM1		REM2	
	模型 1	模型 2	模型 3	模型 4	模型 5	模型 6
MB	0. 0013 (1. 53)	0. 0014 (1. 55)	-0. 0172*** (-7. 92)	-0. 0171*** (-7. 89)	-0. 0064*** (-2. 94)	-0. 0064*** (-2. 92)
RET	-0. 0020 (-0. 22)	-0. 0020 (-0. 22)	-0. 1381*** (-5. 57)	-0. 1382*** (-5. 57)	-0. 0812*** (-3. 24)	-0. 0812*** (-3. 24)
年度固定效应	YES	YES	YES	YES	YES	YES
行业固定效应	YES	YES	YES	YES	YES	YES
调整后的 R^2	0. 15	0. 15	0. 27	0. 27	0. 37	0. 37
观测值数量	2 187	2 187	2 715	2 715	2 715	2 715

注：表 3 - 4 展示的是全样本 EM 和 CSR OLS 回归的结果。AQ 代表应计盈余质量。REM1 是第一个真实盈余管理指标；REM2 是第二个真实盈余管理指标；CSR 代表企业社会责任表现的原始评级得分；CSRs 是标准化 CSR 评级得分。SIZE 代表公司规模；CF 代表经营现金流与总资产的比率；CFV 是现金流的波动性；DEBT 是负债率。LOSS 是损失虚拟变量，如果公司运营收入为负则取值为 1，否则为 0。AZ 是 Altman's Z - score。MB 是总资产的市值账面比；RET 代表资产收益率。括号中报告的是标准误差基于时间和行业固定效应的 t 统计量。*** 和 ** 分别表示该系数在 1% 和 5% 的置信水平上呈现统计性显著。

此外，系数 REM1 和 REM2 分别在模型 3 和模型 4 中、模型 5 和模型 6 中呈负向且显著，这就表明具有较高企业社会责任绩效的公司，其管理层较少参与真实盈余管理活动。4 个模型中控制变量的结果证实了相关文献中的发现（Zang，2012；Chen et al.，2015）。现金流量不足和市值账面比较低的公司更有可能通过加速销售、过剩产能以及机会性地减少研发支出等进行盈余管理。

上述分析侧重于研究企业社会责任绩效在盈余管理活动中的作用。然而，一部分研究表明，在研究企业社会责任这一议题时，区分企业社会责任绩效和企业社会责任披露至关重要（Richardson et al.，1999；Wang et al.，2016）。因此，在本节的以下部分中，我们进一步研究 CSR 报告的披露意愿如何影响企业社会责任绩效与盈余管理之间的关系。如前所述，我们将样本区分为两个子样本，即自愿性披露 CSR 报告的子样本和强制性披露 CSR 报告的子样本。

表 3 - 5 报告了不同子样本中盈余管理和企业社会责任绩效的回归结果。我们发现在强制性披露 CSR 报告的所有回归模型中，不管是原始 CSR 评级得分还是标准化的 CSR 评级得分的系数均为负值且显著。相比之下，在自愿性披露

CSR报告的子样本中，所有代表企业社会责任绩效的系数均不显著。这些结果支持了我们的第二个假设，表明在严格监督下的强制性披露的CSR报告的质量相对较高，有效地向外部投资者传递了公司的非财务信息，这就减少了内外部投资者的信息不对称性并抑制了管理者参与盈余管理活动①。

表3-5　OLS回归结果：强制性和自愿性披露CSR报告的子样本

A组：强制性披露CSR报告的子样本						
	AQ		REM1		REM2	
	模型1	模型2	模型3	模型4	模型5	模型6
截距项	-0.0685*** (-2.37)	-0.0824*** (-2.78)	-0.0359 (-0.39)	-0.0826 (-0.88)	0.1255 (1.39)	0.0708 (0.76)
CSR	-0.0003*** (-4.01)		-0.0011*** (-4.43)		-0.0012*** (-4.91)	
CSRs		-0.0037*** (-3.92)		-0.0127*** (-4.28)		-0.0143*** (-4.91)
SIZE	0.0053*** (4.71)	0.0053*** (4.69)	0.0045 (1.28)	0.0044 (1.26)	-0.0004 (-0.11)	-0.0003 (-0.09)
CF	0.0197 (1.59)	0.0197 (1.59)	-0.2777*** (-6.81)	-0.2780*** (-6.81)	-0.7360*** (-18.30)	-0.7360*** (-18.31)
CFV	0.0460*** (5.48)	0.0460*** (5.49)	0.0002 (0.01)	0.0005 (0.02)	0.0222 (0.81)	0.0224 (0.82)
DEBT	-0.0100* (-1.81)	-0.0099* (-1.80)	0.0199 (1.12)	0.0200 (1.12)	0.0052 (0.30)	0.0055 (0.31)
LOSS	0.0121*** (3.61)	0.0121*** (3.62)	0.0229** (2.10)	0.0229** (2.10)	0.0151 (1.40)	0.0152 (1.41)
AZ	0.0011*** (4.10)	0.0011*** (4.10)	-0.0017* (-1.88)	-0.0017* (-1.87)	0.0010 (1.17)	0.0011 (1.18)

① 因为规模较大的公司和国有企业通常被要求披露其CSR报告，同时其管理层参与盈余管理的动机亦较低，因此，我们检验了以上发现的主要结果在多大程度上受到规模较大公司或者国有企业的影响。相应地，我们首先将样本中公司规模前20%的大公司去掉，并重新根据方程（3.5）进行回归。我们依然发现只有在强制性披露CSR报告的子样本中，较好的企业社会责任表现可以有效地抑制盈余管理行为。当我们把所有国有企业从样本中剔除出去后，同样地，回归结果显示在强制性披露CSR报告的子样本中，企业社会责任表现和盈余管理仍呈现出显著的负相关关系。详细的结果见表3-10和表3-11。

续表

A组：强制性披露CSR报告的子样本						
	AQ		REM1		REM2	
	模型1	模型2	模型3	模型4	模型5	模型6
MB	0.0017** (2.07)	0.0017** (2.11)	-0.0162*** (-6.41)	-0.0161*** (-6.36)	-0.0060*** (-2.39)	-0.0059*** (-2.36)
RET	0.0124 (1.16)	0.0122 (1.14)	-0.2651*** (-7.73)	-0.2656*** (-7.74)	-0.1500*** (-4.44)	-0.1502*** (-4.44)
年度固定效应	YES	YES	YES	YES	YES	YES
行业固定效应	YES	YES	YES	YES	YES	YES
调整后的 R^2	0.19	0.19	0.35	0.35	0.45	0.45
观测值数量	1 663	1 663	1 885	1 885	1 885	1 885

B组：自愿性披露CSR报告的子样本						
	AQ		REM1		REM2	
	模型1	模型2	模型3	模型4	模型5	模型6
截距项	-0.0112 (-0.13)	0.0001 (0.00)	0.4284*** (2.66)	0.4092*** (2.52)	0.8226*** (4.96)	0.7950*** (4.75)
CSR	0.0003 (0.89)		-0.0004 (-0.72)		-0.0006 (-1.05)	
CSRs		0.0030 (0.81)		-0.0052 (-0.77)		-0.0074 (-1.06)
SIZE	0.0033 (0.91)	0.0033 (0.91)	-0.0167*** (-2.56)	-0.0167*** (-2.56)	-0.0302*** (-4.49)	-0.0302*** (-4.49)
CF	-0.0020 (-0.05)	-0.0018 (-0.04)	-0.3743*** (-4.24)	-0.3741*** (-4.24)	-1.0142*** (-11.14)	-1.0141*** (-11.14)
CFV	0.0308*** (4.23)	0.0308*** (4.22)	-0.0058 (-0.35)	-0.0058 (-0.35)	-0.0208 (-1.21)	-0.0208 (-1.21)
DEBT	-0.0572*** (-3.37)	-0.0572*** (-3.37)	-0.0142 (-0.46)	-0.0143 (-0.46)	-0.0858*** (-2.70)	-0.0858*** (-2.70)
LOSS	0.0112 (1.33)	0.0112 (1.33)	0.0175 (1.08)	0.0176 (1.08)	-0.0187 (-1.12)	-0.0186 (-1.11)
AZ	0.0050*** (6.85)	0.0050*** (6.85)	-0.0031** (-1.96)	-0.0031** (-1.96)	-0.0007 (-0.40)	-0.0007 (-0.40)
MB	-0.0046 (-1.54)	-0.0047 (-1.54)	-0.0166*** (-3.77)	-0.0166*** (-3.77)	-0.0051 (-1.11)	-0.0051 (-1.12)

续表

B 组：自愿性披露 CSR 报告的子样本						
	AQ		REM1		REM2	
	模型 1	模型 2	模型 3	模型 4	模型 5	模型 6
RET	-0.0179 (-0.94)	-0.0179 (-0.94)	-0.0264 (-0.67)	-0.0263 (-0.66)	0.0081 (0.20)	0.0082 (0.20)
年度固定效应	YES	YES	YES	YES	YES	YES
行业固定效应	YES	YES	YES	YES	YES	YES
调整后的 R^2	0.15	0.15	0.14	0.14	0.27	0.27
观测值数量	524	524	830	830	830	830

注：表 3-5 展示的是强制性和自愿性披露 CSR 报告两个子样本 EM 和 CSR OLS 回归的结果。A 组展示的是强制性披露 CSR 报告的子样本回归结果，B 组展示的是自愿性披露 CSR 报告的子样本回归结果。AQ 代表应计盈余质量。REM1 是第一个真实盈余管理指标；REM2 是第二个真实盈余管理指标。CSR 代表企业社会责任表现的原始评级得分；CSRs 是标准化 CSR 评级得分。SIZE 代表公司规模；CF 代表经营现金流与总资产的比率；CFV 是现金流的波动性；DEBT 是负债率。LOSS 是损失虚拟变量，如果公司运营收入为负则取值为 1，否则为 0。AZ 是 Altman's Z-score。MB 是总资产的市值账面比；RET 代表资产收益率。括号中报告的是标准误差基于时间和行业固定效应的 t 统计量。***、**、*分别表示该系数在 1%、5% 和 10% 的置信水平上呈现统计性显著。

二、内生性问题的考虑

已有研究提出盈余管理和企业社会责任绩效可能共同的外部因素（Larcker and Rusticus，2010；Choi et al.，2013；Wang et al.，2016）。特别需要指出的是，企业社会责任活动和盈余管理行为的决策以及具体执行均由管理者负责（Wang et al.，2016）。基于管理层防御工事理论，管理者为了掩盖其管理盈余信息的行为，会更倾向于参与企业社会责任相关活动（Prior et al.，2008）。因此，我们这一研究面临的一个主要问题是 CSR 参与的内生性驱动问题。为解决这一问题，我们首先采用两阶段回归法（2SLS）。

第一阶段，

$$CSR_{i,t} = \vartheta_0 + \vartheta_1 \Delta CSR_{i,t-1} + \vartheta_2 \Delta CSR_{i,t-2} + \vartheta_3 Industry\_CSR_{i,t} + \sum \vartheta_{i,t} CONTROL_{i,t} + \varepsilon_{i,t} \quad (3.6)$$

第二阶段，

$$EM_{i,t} = \omega_0 + \omega_1 \widehat{CSR_{i,t}} + \sum \omega_{i,t} CONTROL_{i,t} + \mu_{i,t} \tag{3.7}$$

在 2SLS 回归模型的第一阶段，我们把滞后一期的 CSR 评分差异（$\Delta CSR_{i,t-1}$），滞后两期的 CSR 评分差异（$\Delta CSR_{i,t-2}$）以及行业 CSR 中位数（$Industry\_CSR_{i,t}$）作为工具变量。选取前两个变量作为工具变量的原因如下：我们认为 CSR 滞后一期或两期的变化之差与当期的 CSR 之间具有天然的相关关系，而不太可能与当期的盈余管理有直接关系。此外，我们还认为如果一个行业的平均 CSR 值较高，那么该行业中公司的 CSR 也会较高，而行业层面的平均 CSR 与行业中某一特定公司的当期盈余管理没有直接关联。在第二阶段，我们使用第一阶段 CSR 表现的拟合值来估计第二阶段的回归。

表 3-6 A 组中的模型 1 和模型 2 展示了全样本第一阶段的回归结果。我们发现当期 CSR 评分（标准化 CSR）与滞后一期和两期的 CSR 评分差异（标准化 CSR 差异）呈显著负相关，但与行业 CSR 中位数（行业标准化 CSR 中位数）显著正相关。模型 3 和模型 4 展示的第二阶段回归结果，再次验证了企业社会责任表现较好的公司较少地进行应计盈余管理。模型 5 ~ 模型 8 的结果显示，社会责任感较高的管理者较少地参与真实盈余管理。如 B 组结果所示，我们还发现，CSR 和 EM 之间的显著负向关系同样在强制性披露 CSR 报告的子样本中存在。

表 3-6　　2SLS 回归结果

A 组：全样本 2SLS 回归结果								
	第一阶段		第二阶段					
	CSR	CSRs	AQ		REM1		REM2	
	模型 1	模型 2	模型 3	模型 4	模型 5	模型 6	模型 7	模型 8
截距项	-75.3529*** (-5.21)	-6.1749*** (-8.98)	-0.0462 (-1.41)	-0.0580* (-1.72)	0.2724*** (2.65)	0.2272** (2.16)	0.5232*** (5.07)	0.4803*** (4.53)
ΔCSR_{t-1}	-0.6126*** (-12.26)							
ΔCSR_{t-2}	-0.6024*** (-13.31)							
Industry_CSR	0.8927*** (2.86)							
$\Delta CSRs_{t-1}$		-0.7063*** (-13.93)						

续表

A 组：全样本 2SLS 回归结果								
	第一阶段		第二阶段					
	CSR	CSRs	AQ		REM1		REM2	
	模型 1	模型 2	模型 3	模型 4	模型 5	模型 6	模型 7	模型 8
$\Delta CSRs_{t-2}$		-0.5930*** (-12.70)						
Industry_CSRs		0.7837** (2.23)						
$\widehat{CSR}$			-0.0003*** (-2.80)		-0.0010*** (-3.36)		-0.0010*** (-3.13)	
$\widehat{CSRs}$				-0.0032*** (-2.76)		-0.0122*** (-3.32)		-0.0115*** (-3.11)
SIZE	3.0040*** (9.90)	0.2481*** (9.85)	0.0048*** (3.70)	0.0048*** (3.69)	-0.0081** (-2.04)	-0.0081** (-2.04)	-0.0168*** (-4.18)	-0.0168*** (-4.17)
CF	5.2971 (1.47)	0.4425 (1.48)	-0.0049 (-0.35)	-0.0048 (-0.35)	-0.1390*** (-3.03)	-0.1388*** (-3.03)	-0.6950*** (-15.08)	-0.6947*** (-15.07)
CFV	-0.7170 (-0.37)	-0.0628 (-0.40)	0.0454*** (6.28)	0.0454*** (6.28)	-0.0067 (-0.27)	-0.0067 (-0.28)	-0.0021 (-0.09)	-0.0022 (-0.09)
DEBT	2.7070* (1.70)	0.2138 (1.62)	-0.0153*** (-2.43)	-0.0153*** (-2.42)	-0.0073 (-0.36)	-0.0072 (-0.36)	-0.0262 (-1.29)	-0.0262 (-1.29)
LOSS	-0.0466 (-0.05)	-0.0095 (-0.13)	0.0083** (2.30)	0.0083** (2.31)	0.0365*** (3.15)	0.0366*** (3.16)	0.0170 (1.46)	0.0171 (1.47)
AZ	0.0224 (0.26)	0.0017 (0.23)	0.0022*** (6.64)	0.0022*** (6.64)	-0.0049*** (-4.43)	-0.0049*** (-4.42)	-0.0020* (-1.81)	-0.0020* (-1.80)
MB	-1.2593*** (-4.71)	-0.1098*** (-4.96)	0.0020* (1.67)	0.0020* (1.69)	-0.0130*** (-3.80)	-0.0129*** (-3.78)	0.0007 (0.20)	0.0007 (0.22)
RET	2.1876 (0.83)	0.1795 (0.82)	0.0007 (0.07)	0.0007 (0.06)	-0.1615*** (-4.82)	-0.1618*** (-4.83)	-0.1178*** (-3.50)	-0.1180*** (-3.50)
年度固定效应	YES	YES	YES	YES	YES	YES	YES	YES
行业固定效应	YES	YES	YES	YES	YES	YES	YES	YES
调整后的 R^2	0.39	0.34	0.17	0.17	0.30	0.30	0.43	0.43
观测值数量	1 462	1 462	1 294	1 294	1 462	1 462	1 462	1 462

续表

B 组：强制性披露 CSR 报告子样本的 2SLS 回归结果								
	第一阶段		第二阶段					
	CSR	CSRs	AQ		REM1		REM2	
	模型 1	模型 2	模型 3	模型 4	模型 5	模型 6	模型 7	模型 8
截距项	-78.9575*** (-4.39)	-6.8223*** (-7.53)	-0.0509 (-1.47)	-0.0621* (-1.75)	0.1265 (0.97)	0.0828 (0.62)	0.3496*** (2.71)	0.3028** (2.29)
ΔCSR_{t-1}	-0.6800*** (-11.45)							
ΔCSR_{t-2}	-0.6485*** (-11.65)							
Industry_CSR	0.7592** (2.07)							
$\Delta CSRs_{t-1}$		-0.7704*** (-12.74)						
$\Delta CSRs_{t-2}$		-0.6059*** (-10.62)						
Industry_CSRs		0.7701* (1.82)						
$\widehat{CSR}$			-0.0003*** (-2.87)		-0.0010*** (-3.01)		-0.0011*** (-3.16)	
$\widehat{CSRs}$				-0.0031*** (-2.80)		-0.0121*** (-2.92)		-0.0127*** (-3.11)
SIZE	3.3335*** (8.38)	0.2751*** (8.33)	0.0046*** (3.48)	0.0046*** (3.46)	-0.0016 (-0.31)	-0.0017 (-0.33)	-0.0097** (-1.96)	-0.0097** (-1.96)
CF	2.3923 (0.43)	0.1970 (0.43)	-0.0822*** (-4.66)	-0.0822*** (-4.66)	-0.1937*** (-2.86)	-0.1936*** (-2.86)	-0.8015*** (-12.04)	-0.8013*** (-12.04)
CFV	3.9996 (0.50)	0.3464 (0.52)	0.2437*** (9.56)	0.2437*** (9.55)	0.0951 (0.97)	0.0948 (0.97)	0.2798*** (2.91)	0.2796*** (2.90)
DEBT	2.1419 (1.08)	0.1565 (0.95)	-0.0128** (-2.02)	-0.0128** (-2.01)	-0.0057 (-0.23)	-0.0056 (-0.23)	-0.0090 (-0.38)	-0.0089 (-0.37)
LOSS	0.8252 (0.70)	0.0625 (0.63)	0.0051 (1.35)	0.0051 (1.35)	0.0282* (1.95)	0.0283* (1.95)	0.0149 (1.04)	0.0149 (1.05)
AZ	0.0121 (0.10)	0.0011 (0.11)	0.0002 (0.53)	0.0002 (0.53)	-0.0057*** (-3.86)	-0.0056*** (-3.85)	-0.0018 (-1.25)	-0.0018 (-1.23)

续表

B组：强制性披露CSR报告子样本的2SLS回归结果								
	第一阶段		第二阶段					
	CSR	CSRs	AQ		REM1		REM2	
	模型1	模型2	模型3	模型4	模型5	模型6	模型7	模型8
MB	-2.0425*** (-5.67)	-0.1766*** (-5.92)	0.0016 (1.34)	0.0016 (1.38)	-0.0090** (-2.02)	-0.0088** (-1.97)	0.0045 (1.02)	0.0046 (1.06)
RET	8.8631** (2.27)	0.7406** (2.28)	0.0455*** (3.63)	0.0454*** (3.62)	-0.2392*** (-5.01)	-0.2399*** (-5.03)	-0.1503*** (-3.20)	-0.1508*** (-3.21)
年度固定效应	YES	YES	YES	YES	YES	YES	YES	YES
行业固定效应	YES	YES	YES	YES	YES	YES	YES	YES
调整后的 R^2	0.42	0.37	0.25	0.25	0.33	0.33	0.46	0.46
观测值数量	1 054	1 054	1 002	1 002	1 054	1 054	1 054	1 054

注：A组展示的是全样本2SLS的回归结果；B组展示的是强制性披露CSR报告的子样本2SLS的回归结果。AQ代表应计盈余质量。REM1是第一个真实盈余管理指标；REM2是第二个真实盈余管理指标。CSR代表企业社会责任表现的原始评级得分；CSRs是标准化CSR评级得分。第一阶段的工具变量包括滞后一期的CSR评分差异（CSR标准化差异），ΔCSR_{t-1}（$\Delta CSRs_{t-1}$），滞后两期的CSR评分差异（CSR标准化差异），ΔCSR_{t-2}（$\Delta CSRs_{t-2}$）以及行业CSR（CSR标准化）中位数，Industry_CSR(Industry_CSRs)。$\widehat{CSR_{i,t}}$是从第一阶段估计出来的CSR拟合值。其他控制变量的描述详见表3-1。括号中报告的是标准误差基于时间和行业固定效应的t统计量。***、**、*分别表示该系数在1%、5%和10%的置信水平上呈现统计性显著。

此外，我们根据已有文献，采用广义矩量法（GMM）控制CSR的内生性问题(Riccardo，2002；Tran and Tsionas，2013；Seo and Shin，2016)。从表3-7的A组结果中，我们再次肯定了长期发展观点仍然是决定企业社会责任绩效的有效主导因素，并验证了我们的假设3-1a，即企业社会责任表现与盈余管理负相关。B组的结果证实了在控制了内生性问题后，我们的假设3-2是成立的，即企业社会责任绩效与盈余管理的负相关关系在强制性披露CSR报告的子样本中仍然存在。

表3-7　　　　GMM回归结果

A组：全样本的GMM回归结果						
	AQ		REM1		REM2	
	模型1	模型2	模型3	模型4	模型5	模型6
截距项	0.0048 (0.14)	0.0081 (0.23)	0.1936*** (2.61)	0.1966*** (2.68)	0.3259*** (4.23)	0.2981*** (3.85)

续表

A组：全样本的 GMM 回归结果						
	AQ		REM1		REM2	
	模型 1	模型 2	模型 3	模型 4	模型 5	模型 6
CSR	-0.0003** (-2.29)		-0.0009*** (-3.90)		-0.0008*** (-3.96)	
CSRs		-0.0026** (-2.04)		-0.0110*** (-4.08)		-0.0121*** (-4.85)
SIZE	0.0027* (1.91)	0.0022 (1.61)	-0.0054* (-1.76)	-0.0071*** (-2.41)	-0.0091*** (-2.82)	-0.0095*** (-3.00)
CF	0.0068 (0.36)	0.0048 (0.26)	-0.4005*** (-4.21)	-0.3997*** (-4.15)	-0.8472*** (-5.96)	-0.8400*** (-5.95)
CFV	0.0308*** (4.10)	0.0309*** (4.10)	0.0070 (0.68)	0.0053 (0.54)	0.0018 (0.13)	0.0009 (0.07)
DEBT	-0.0269*** (-3.05)	-0.0284*** (-3.26)	-0.0161 (-0.87)	-0.0165 (-0.91)	-0.0422*** (-2.34)	-0.0420*** (-2.35)
LOSS	0.0106*** (2.89)	0.0106*** (2.91)	0.0407*** (3.42)	0.0403*** (3.38)	0.0081 (0.55)	0.0101 (0.69)
AZ	0.0024*** (2.72)	0.0026*** (2.91)	-0.0004 (-0.16)	-0.0013 (-0.56)	-0.0003 (-0.09)	-0.0004 (-0.12)
MB	0.0010 (0.86)	0.0009 (0.82)	-0.0199*** (-4.68)	-0.0194*** (-4.57)	-0.0089** (-2.02)	-0.0088** (-2.01)
RET	0.0316* (1.73)	0.0319* (1.73)	0.0215 (1.11)	0.0228 (1.14)	0.0215 (1.44)	0.0225 (1.46)
年度固定效应	YES	YES	YES	YES	YES	YES
行业固定效应	YES	YES	YES	YES	YES	YES
调整后的 R^2	0.15	0.15	0.26	0.26	0.36	0.37
观测值数量	2 187	2 187	2 175	2 175	2 175	2 175

B组：强制性披露 CSR 报告子样本的 GMM 回归结果						
	AQ		REM1		REM2	
	模型 1	模型 2	模型 3	模型 4	模型 5	模型 6
截距项	-0.0385 (-1.15)	-0.0296 (-0.89)	0.0363 (0.43)	0.0373 (0.44)	-0.0132 (-0.17)	-0.0420 (-0.54)
CSR	-0.0003*** (-2.85)		-0.0012*** (-4.59)		-0.0012*** (-5.13)	

续表

B组：强制性披露CSR报告子样本的GMM回归结果						
	AQ		REM1		REM2	
	模型1	模型2	模型3	模型4	模型5	模型6
CSRs		-0.0029** (-2.26)		-0.0144*** (-4.56)		-0.0166*** (-5.85)
SIZE	0.0043*** (3.12)	0.0035*** (2.66)	0.0015 (0.41)	-0.0006 (-0.18)	0.0049 (1.52)	0.0039 (1.24)
CF	0.0257 (1.53)	0.0215 (1.31)	-0.4303*** (-3.76)	-0.4201*** (-3.64)	-0.8997*** (-5.27)	-0.8741*** (-5.21)
CFV	0.0198 (1.40)	0.0195 (1.36)	0.0140 (0.48)	0.0122 (0.42)	0.0220 (0.60)	0.0226 (0.61)
DEBT	-0.0174** (-2.02)	-0.0195** (-2.29)	-0.0018 (-0.08)	-0.0041 (-0.18)	0.0002 (0.01)	-0.0008 (-0.03)
LOSS	0.0052 (1.44)	0.0052 (1.43)	0.0511*** (3.17)	0.0509*** (3.16)	0.0233 (1.23)	0.0248 (1.31)
AZ	0.0014*** (2.40)	0.0016*** (2.66)	0.0006 (0.24)	-0.0009 (-0.34)	0.0043 (0.98)	0.0031 (0.76)
MB	0.0012 (1.15)	0.0012 (1.20)	-0.0215*** (-3.93)	-0.0208*** (-3.86)	-0.0088* (-1.69)	-0.0093* (-1.78)
RET	0.1098*** (3.72)	0.1130*** (3.74)	0.0617 (1.11)	0.0699 (1.25)	0.0117 (0.23)	0.0215 (0.44)
年度固定效应	YES	YES	YES	YES	YES	YES
行业固定效应	YES	YES	YES	YES	YES	YES
调整后的R^2	0.21	0.21	0.33	0.33	0.43	0.44
观测值数量	1 663	1 663	1 885	1 885	1 885	1 885

注：A组展示的是全样本GMM的回归结果，B组展示的是强制性披露CSR报告的子样本GMM的回归结果。AQ代表应计盈余质量。REM1是第一个真实盈余管理指标；REM2是第二个真实盈余管理指标。CSR代表企业社会责任表现的原始评级得分；CSRs是标准化CSR评级得分。其他控制变量的描述详见表3-1。括号中报告的是标准误差基于时间和行业固定效应的t统计量。***、**、*分别表示该系数在1%、5%和10%的置信水平上呈现统计性显著。

此外，我们现有的3 409个样本观察值没有包括未披露CSR报告的公司，这可能会导致样本选择性偏差和内生性问题。为了解决这些问题的潜在影响，我们将所有在1999~2015年A股上市的公司加入我们的样本中，并采用双重差分法（DID）进一步提炼 CSR 报告的披露对盈余管理的影响（Armstrong et al.，2012）。该方法试图解释企业社会责任披露和盈余管理在我们研究中的因果效应。在此模型假定中，我们共对比两个方面的差异。第一，我们比较特定公司披露 CSR 报告之前和之后的盈余管理行为；第二，我们比较同一时期披露 CSR 报告的公司和未披露 CSR 报告的公司之间的盈余管理行为的差别。这种方法很好地解决了大多数企业开始披露 CSR 报告的时间并不在同一年的问题（Bertrand and Mullainathan，2003）。由于不同公司在不同年份开始披露其 CSR 报告，我们使用以下模型进行双重差分法回归（Bertrand and Mullainathan，2003；Armstrong et al.，2012；Gong and Ho，2018）：

$$EM_{i,t} = \beta_0 + \beta_1 CSR\_dummy_{i,t} + \sum \beta_{i,t} CONTROL_{i,t} + \varepsilon_{i,t} \quad (3.8)$$

其中，CSR_dummyit 是主要解释变量，即 CSR 披露虚拟变量，如果公司 i 在第 t 年开始披露 CSR 报告则取值为 1，否则为 0。我们使用 CSR_{DID} 作为全样本中 CSR 披露虚拟变量，$CSR_{mandtory}$ 作为强制性披露 CSR 报告子样本中 CSR 披露虚拟变量。在此模型设置中，对照组包括所有未在第 t 年开始报告其 CSR 报告的公司，即使它们已经在之前开始报告，或将在第 t 年后开始报告。

表 3－8 中 A（B）组报告了全样本（强制性披露 CSR 报告的子样本）DID 回归的估计结果。我们发现 CSR_{DID}（$CSR_{mandtory}$）的估计系数是显著为负的。该结果一方面表明，相对于未披露（强制性披露）CSR 报告的公司而言，在本年度进行 CSR 报告（强制性 CSR 报告）披露的公司参与盈余管理活动的可能性较低；另一方面也证实了同一公司在当年首次披露（强制性披露）CSR 报告之后，其管理层更少进行盈余管理活动。以上结果再次强调了我们的主要结果是稳健的。

表 3－8　DID 回归结果

A 组：全样本 DID 回归结果			
	AQ	REM1	REM2
	模型 1	模型 2	模型 3
截距项	0.0846*** (7.14)	0.1207*** (5.47)	0.0834*** (3.22)
CSR_{DID}	－0.0086*** (－4.88)	－0.0231*** (－6.26)	－0.0345*** (－7.94)

续表

A组：全样本DID回归结果			
	AQ	REM1	REM2
	模型1	模型2	模型3
SIZE	-0.0016*** (-3.42)	-0.0078*** (-8.40)	-0.0044*** (-4.03)
CF	0.0426*** (18.58)	-0.0651*** (-15.42)	-0.5921*** (-119.35)
CFV	0.0804*** (42.41)	0.0160*** (4.31)	-0.0146*** (-3.35)
DEBT	-0.0141*** (-4.87)	0.0800*** (14.84)	0.0248*** (3.91)
LOSS	0.0141*** (9.61)	0.0741*** (26.14)	0.0155*** (4.63)
AZ	0.0001*** (5.77)	-0.0022*** (-97.22)	-0.0018*** (-67.02)
MB	-0.0027*** (-14.59)	-0.0001* (-1.70)	0.0004*** (4.30)
RET	-0.0022*** (-2.85)	-0.0006 (-0.93)	0.0010 (1.28)
年度固定效应	YES	YES	YES
行业固定效应	YES	YES	YES
调整后的R^2	0.23	0.32	0.52
观测值数值	14 521	25 065	25 065
B组：强制性披露CSR报告的子样本DID回归结果			
	AQ	REM1	REM2
	模型1	模型2	模型3
截距项	0.0811*** (6.82)	0.1126*** (5.06)	0.0697*** (2.67)
$CSR_{Mandatory}$	-0.0104*** (-5.65)	-0.0264*** (-6.61)	-0.0407*** (-8.66)
SIZE	-0.0015*** (-3.09)	-0.0074*** (-7.95)	-0.0038*** (-3.47)
CF	0.0426*** (18.63)	-0.0649*** (-15.39)	-0.5918*** (-119.33)

续表

B 组：强制性披露 CSR 报告的子样本 DID 回归结果			
	AQ	REM1	REM2
	模型 1	模型 2	模型 3
CFV	0.0803*** (42.38)	0.0159*** (4.30)	−0.0147*** (−3.38)
DEBT	−0.0135*** (−4.68)	0.0812*** (15.04)	0.0269*** (4.23)
LOSS	0.0140*** (9.52)	0.0740*** (26.08)	0.0152*** (4.55)
AZ	0.0001*** (5.78)	−0.0022*** (−97.22)	−0.0018*** (−67.03)
MB	−0.0027*** (−14.59)	−0.0001* (−1.69)	0.0004*** (4.31)
RET	−0.0022*** (−2.82)	−0.0006 (−0.92)	0.0010 (1.30)
年度固定效应	YES	YES	YES
行业固定效应	YES	YES	YES
调整后的 R^2	0.23	0.32	0.52
观测值数值	14 521	25 065	25 065

注：A 组展示的是全样本 DID 的回归结果，B 组展示的是强制性披露 CSR 报告的子样本 DID 的回归结果。AQ 代表应计盈余质量。REM1 是第一个真实盈余管理指标；REM2 是第二个真实盈余管理指标。CSR_{DID} 和 $CSR_{Mandtory}$ 分别为全样本和强制性披露 CSR 报告子样本中 CSR 披露虚拟变量的代理变量。其他控制变量的描述详见表 3 - 1。括号中报告的是标准误差基于时间和行业固定效应的 t 统计量。*** 和 * 分别表示该系数在 1% 和 10% 的置信水平上呈现统计性显著。

三、企业社会责任表现的替代变量

本部分我们通过替代企业社会责任绩效的衡量变量指标来检验以上研究结果的稳健性。除了 CSR 评级分数外，从 2010 年开始，润灵环球 RKS 还提供了两种 CSR 绩效的衡量方法和数据。第一个指标是 CSR 评级水平（Rating），润灵环球根据上市公司每年披露的 CSR 报告，按照其评级体系，对每个公司的企业社会责任披露情况给予等级评定，从 AA +（被赋予数值 19，最高等级）到 CCC

(被赋予数值1，最低等级)。第二个指标是CSR排序水平(Ranking)，根据任一给定年份的CSR评级得分，为每家公司分配一个等级——从1(最高)到N(最低)。特别是，CSR评级得分最高的公司的排名值为1，CSR评级得分排名第二的公司的排名值为2，依此类推，直到最后，CSR评级得分最低的公司排名赋值为N(N=我们样本中任何给定年份的公司总数)。

表3-9中A组展示的全样本回归结果，我们发现系数Rating是显著为负的，而系数Ranking是显著为正的，不管模型的被解释变量是AQ，还是REM1或REM2。以上结果再次验证了在全样本中，企业社会责任表现的替代变量依然与盈余管理呈现显著负相关关系，支持了我们的假设3-1a。B组和C组报告的结果支持了我们的假设3-2，即强制性披露CSR报告可以减轻信息不对称性并限制管理层的盈余管理活动。

表3-9　　CSR替代变量的回归结果

A组：全样本回归结果						
	AQ		REM1		REM2	
	模型1	模型2	模型3	模型4	模型5	模型6
截距项	-0.0151 (-0.47)	-0.0081 (-0.26)	0.2436*** (2.92)	0.2878*** (3.55)	0.4874*** (5.75)	0.5324*** (6.45)
Rating	1.E-05** (2.04)		0.0001*** (3.66)		0.0001*** (3.57)	
Ranking		-0.0008*** (-2.38)		-0.0033*** (-3.62)		-0.0032*** (-3.42)
SIZE	0.0030*** (2.45)	0.0032*** (2.58)	-0.0097*** (-3.12)	-0.0096*** (-3.05)	-0.0171*** (-5.39)	-0.0170*** (-5.34)
CF	0.0048 (0.35)	0.0051 (0.37)	-0.2751*** (-7.18)	-0.2752*** (-7.18)	-0.7663*** (-19.64)	-0.7665*** (-19.64)
CFV	0.0349*** (6.70)	0.0349*** (6.70)	-0.0002 (-0.01)	-0.0001 (-0.01)	-0.0084 (-0.54)	-0.0083 (-0.54)
DEBT	-0.0252*** (-4.09)	-0.0250*** (-4.07)	-0.0115 (-0.70)	-0.0113 (-0.69)	-0.0479*** (-2.88)	-0.0477*** (-2.87)
LOSS	0.0118*** (3.29)	0.0118*** (3.31)	0.0254*** (2.62)	0.0256*** (2.65)	0.0083 (0.84)	0.0085 (0.87)

续表

A组：全样本回归结果						
	AQ		REM1		REM2	
	模型1	模型2	模型3	模型4	模型5	模型6
AZ	0.0023*** (7.89)	0.0023*** (7.89)	-0.0020*** (-2.43)	-0.0021*** (-2.46)	0.0007 (0.83)	0.0007 (0.79)
MB	0.0013 (1.46)	0.0013 (1.38)	-0.0162*** (-7.13)	-0.0163*** (-7.18)	-0.0055*** (-2.40)	-0.0057*** (-2.44)
RET	-0.0017 (-0.18)	-0.0015 (-0.16)	-0.1348*** (-5.17)	-0.1337*** (-5.13)	-0.0784*** (-2.96)	-0.0776*** (-2.92)
年度固定效应	YES	YES	YES	YES	YES	YES
行业固定效应	YES	YES	YES	YES	YES	YES
调整后的 R^2	0.15	0.15	0.27	0.27	0.37	0.37
观测值数量	1 942	1 942	2 413	2 413	2 413	2 413

B组：强制性披露CSR报告的子样本回归结果						
	AQ		REM1		REM2	
	模型1	模型2	模型3	模型4	模型5	模型6
截距项	-0.0782*** (-2.44)	-0.0668** (-2.13)	-0.0263 (-0.25)	0.0230 (0.23)	0.1235 (1.20)	0.1765* (1.75)
Rating	2.E-05*** (3.35)		0.0001*** (4.05)		0.0001*** (4.26)	
Ranking		-0.0011*** (-3.59)		-0.0042*** (-4.13)		-0.0043*** (-4.24)
SIZE	0.0050*** (4.16)	0.0052*** (4.30)	0.0014 (0.37)	0.0019 (0.48)	-0.0029 (-0.76)	-0.0025 (-0.66)
CF	-0.0065 (-0.47)	-0.0059 (-0.43)	-0.2475*** (-5.37)	-0.2453*** (-5.32)	-0.7274*** (-15.83)	-0.7252*** (-15.78)
CFV	0.0887*** (6.50)	0.0886*** (6.50)	0.0135 (0.30)	0.0133 (0.29)	0.0466 (1.02)	0.0464 (1.02)
DEBT	-0.0115** (-1.96)	-0.0115** (-1.95)	0.0099 (0.52)	0.0104 (0.54)	-0.0009 (-0.05)	-0.0004 (-0.02)
LOSS	0.0109 (3.07)***	0.0110*** (3.10)	0.0249** (2.11)	0.0255** (2.16)	0.0189 (1.60)	0.0195* (1.65)
AZ	0.0013*** (4.37)	0.0013*** (4.34)	-0.0015 (-1.58)	-0.0016* (-1.66)	0.0010 (1.08)	0.0010 (1.00)

续表

B组：强制性披露CSR报告的子样本回归结果						
	AQ		REM1		REM2	
	模型1	模型2	模型3	模型4	模型5	模型6
MB	0.0018** (2.14)	0.0017** (2.04)	-0.0142*** (-5.36)	-0.0145*** (-5.45)	-0.0042 (-1.59)	-0.0045* (-1.69)
RET	0.0198* (1.73)	0.0200* (1.74)	-0.2648*** (-7.09)	-0.2637*** (-7.06)	-0.1456*** (-3.91)	-0.1447*** (-3.89)
年度固定效应	YES	YES	YES	YES	YES	YES
行业固定效应	YES	YES	YES	YES	YES	YES
调整后的R^2	0.20	0.20	0.35	0.35	0.45	0.45
观测值数量	1 446	1 446	1 624	1 624	1 624	1 624

C组：自愿性披露CSR报告的子样本回归结果						
	AQ		REM1		REM2	
	模型1	模型2	模型3	模型4	模型5	模型6
截距项	-0.0022 (-0.02)	-0.0143 (-0.16)	0.4175*** (2.45)	0.4620*** (2.75)	0.8081*** (4.58)	0.8585*** (4.95)
Rating	0.0000 (-0.72)		0.0001 (1.44)		0.0001 (1.59)	
Ranking		0.0011 (0.89)		-0.0025 (-1.16)		-0.0034 (-1.52)
SIZE	0.0036 (0.96)	0.0036 (0.95)	-0.0182*** (-2.70)	-0.0184*** (-2.74)	-0.0312*** (-4.50)	-0.0313*** (-4.51)
CF	0.0010 (0.02)	0.0008 (0.02)	-0.3614*** (-4.00)	-0.3654*** (-4.04)	-1.0047*** (-10.75)	-1.0084*** (-10.80)
CFV	0.0308*** (4.13)	0.0309*** (4.14)	-0.0066 (-0.39)	-0.0066 (-0.39)	-0.0215 (-1.23)	-0.0217 (-1.23)
DEBT	-0.0582*** (-3.31)	-0.0581*** (-3.30)	-0.0161 (-0.51)	-0.0166 (-0.52)	-0.0881*** (-2.70)	-0.0885*** (-2.71)
LOSS	0.0119 (1.35)	0.0117 (1.34)	0.0192 (1.15)	0.0193 (1.15)	-0.0179 (-1.03)	-0.0179 (-1.03)
AZ	0.0051*** (6.68)	0.0050*** (6.66)	-0.0032** (-1.97)	-0.0032** (-1.97)	-0.0008 (-0.45)	-0.0007 (-0.44)
MB	-0.0049 (-1.56)	-0.0049 (-1.57)	-0.0163*** (-3.61)	-0.0162*** (-3.57)	-0.0046 (-0.98)	-0.0044 (-0.93)

续表

C 组：自愿性披露 CSR 报告的子样本回归结果						
	AQ		REM1		REM2	
	模型 1	模型 2	模型 3	模型 4	模型 5	模型 6
RET	-0.0179 (-0.92)	-0.0180 (-0.93)	-0.0243 (-0.60)	-0.0237 (-0.59)	0.0084 (0.20)	0.0093 (0.22)
年度固定效应	YES	YES	YES	YES	YES	YES
行业固定效应	YES	YES	YES	YES	YES	YES
调整后的 R^2	0.15	0.15	0.14	0.14	0.27	0.27
观测值数量	496	496	789	789	789	789

注：A 组展示了全样本 CSR 替代变量的回归结果，B 组和 C 组分别展示了强制性披露 CSR 报告和自愿性披露 CSR 报告的子样本 CSR 替代变量的回归结果。Rating 是 CSR 评级水平，即润灵环球对每个公司的企业社会责任披露情况给予等级评定，从 AA+（被赋予数值 19，最高等级）到 CCC（被赋予数值 1，最低等级）。Ranking 是 CSR 排序水平，根据任一给定年份的 CSR 评级得分，为每家公司分配一个等级——从 1（最高）到 N（最低）。特别的是，CSR 评级得分最高的公司的排名值为 1，CSR 评级得分排名第二的公司的排名值为 2，依此类推，直到最后，CSR 评级得分最低的公司排名赋值为 N（N = 我们样本中任何给定年份的公司总数）。其他变量如表 3-1 所示。括号中报告的是标准误差基于时间和行业固定效应的 t 统计量。***、**、* 分别表示该系数在 1%、5% 和 10% 的置信水平上呈现统计性显著。

第六节　结　　语

本章主要研究企业社会责任表现对管理者短期主义的影响。通过使用盈余管理作为管理者短视主义行为的代理变量和润灵环球独特的 CSR 评级数据，研究结果表明具有较高企业社会责任绩效的公司，其管理层均较少地参与应计盈余管理和真实盈余管理的活动。进一步的实证发现，企业社会责任绩效对盈余管理的抑制作用仅在强制性披露 CSR 报告的公司中有显著作用。与之相反，自愿性披露其 CSR 报告的公司可能希望通过参与企业社会责任活动来掩饰其盈余管理行为。

社会责任感较强的公司不仅关注公司当前的利润，更加注重与一般利益相关者保持良好的长期关系。此外，本章的研究结果强调了监管机构在提高企业财务报告质量中的关键作用，即它们可以通过强制性的制度要求某类公司披露除了财务信息以外的其他非财务信息，来提高该公司的信息透明度。基于此，有了这种额外的非财务信息，利益相关者可以更准确地评估公司的财务报告并且能有效地监视和推断出管理层短视主义行为。这一举措对于新兴市场而言尤为重要。

未来的研究可以进一步分析企业社会责任的具体哪一方面对盈余管理有更有效的抑制作用。当然，寻找更加精准的衡量管理者短视主义的代理变量的研究也是十分紧迫的。

剔除大公司样本的回归结果和剔除国有企业的回归结果如表 3－10 和表 3－11所示。

表 3－10　　剔除大公司样本的回归结果

A 组：全样本						
	AQ		REM1		REM2	
	模型 1	模型 2	模型 3	模型 4	模型 5	模型 6
截距项	－0.0214 (－0.55)	－0.0296 (－0.75)	0.3660*** (3.75)	0.3199*** (3.24)	0.7356*** (7.57)	0.6858*** (6.98)
CSR	－0.0002* (－1.70)		－0.0011*** (－3.80)		－0.0011*** (－4.08)	
CSRs		－0.0023* (－1.71)		－0.0129*** (－3.80)		－0.0139*** (－4.12)
SIZE	0.0038*** (2.41)	0.0038*** (2.41)	－0.0125*** (－3.19)	－0.0125*** (－3.20)	－0.0251*** (－6.44)	－0.0251*** (－6.46)
CF	0.0083 (0.48)	0.0083 (0.48)	－0.3758*** (－7.84)	－0.3759*** (－7.85)	－0.9562*** (－20.07)	－0.9562*** (－20.07)
CFV	0.0346*** (6.60)	0.0347*** (6.60)	0.0002 (0.01)	0.0003 (0.02)	－0.0130 (－0.86)	－0.0129 (－0.85)
DEBT	－0.0228*** (－3.44)	－0.0228*** (－3.44)	－0.0026 (－0.15)	－0.0026 (－0.15)	－0.0560*** (－3.26)	－0.0560*** (－3.26)
LOSS	0.0088*** (2.42)	0.0088*** (2.42)	0.0241*** (2.47)	0.0242*** (2.48)	0.0031 (0.32)	0.0032 (0.33)
AZ	0.0029*** (9.08)	0.0029*** (9.08)	0.0005 (0.58)	0.0005 (0.58)	0.0029*** (3.28)	0.0029*** (3.28)

续表

A 组：全样本						
	AQ		REM1		REM2	
	模型 1	模型 2	模型 3	模型 4	模型 5	模型 6
MB	0.0002 (0.18)	0.0002 (0.18)	-0.0144*** (-6.05)	-0.0144*** (-6.03)	-0.0030 (-1.25)	-0.0029 (-1.24)
RET	-0.0170 (-1.63)	-0.0170 (-1.63)	-0.0954*** (-3.42)	-0.0954*** (-3.42)	-0.0272 (-0.98)	-0.0272 (-0.98)
年度固定效应	YES	YES	YES	YES	YES	YES
行业固定效应	YES	YES	YES	YES	YES	YES
调整后的 R^2	0.14	0.14	0.25	0.25	0.37	0.37
观测值数量	1 785	1 785	2 223	2 223	2 223	2 223
B 组：强制性披露 CSR 报告的子样本						
	AQ		REM1		REM2	
	模型 1	模型 2	模型 3	模型 4	模型 5	模型 6
截距项	-0.0845** (-2.17)	-0.0974*** (-2.48)	0.0789 (0.62)	0.0214 (0.17)	0.3875*** (3.18)	0.3241*** (2.63)
CSR	-0.0003*** (-2.98)		-0.0014*** (-4.36)		-0.0015*** (-4.88)	
CSRs		-0.0036*** (-2.95)		-0.0165*** (-4.31)		-0.0181*** (-4.89)
SIZE	0.0060*** (3.93)	0.0060*** (3.92)	0.0004 (0.08)	0.0002 (0.05)	-0.0101** (-2.09)	-0.0102** (-2.12)
CF	0.0168 (0.94)	0.0167 (0.94)	-0.3774*** (-6.45)	-0.3778*** (-6.45)	-0.9324*** (-16.52)	-0.9327*** (-16.53)
CFV	0.0829*** (5.78)	0.0830*** (5.78)	0.0041 (0.08)	0.0046 (0.10)	0.0018 (0.04)	0.0023 (0.05)
DEBT	-0.0063 (-0.99)	-0.0062 (-0.98)	0.0223 (1.07)	0.0223 (1.07)	-0.0091 (-0.45)	-0.0090 (-0.45)
LOSS	0.0071* (1.93)	0.0071* (1.93)	0.0300*** (2.47)	0.0298*** (2.46)	0.0229** (1.96)	0.0228* (1.95)
AZ	0.0017*** (5.33)	0.0017*** (5.34)	0.0023** (2.12)	0.0023** (2.12)	0.0043*** (4.19)	0.0043*** (4.20)
MB	0.0010 (1.10)	0.0010 (1.12)	-0.0131*** (-4.61)	-0.0130*** (-4.58)	-0.0028 (-1.01)	-0.0027 (-0.98)

续表

B组：强制性披露CSR报告的子样本						
	AQ		REM1		REM2	
	模型1	模型2	模型3	模型4	模型5	模型6
RET	-0.0088 (-0.68)	-0.0089 (-0.68)	-0.1862*** (-4.43)	-0.1865*** (-4.44)	-0.0405 (-1.00)	-0.0407 (-1.00)
年度固定效应	YES	YES	YES	YES	YES	YES
行业固定效应	YES	YES	YES	YES	YES	YES
调整后的R^2	0.17	0.17	0.34	0.34	0.46	0.46
观测值数量	1 285	1 285	1 422	1 422	1 422	1 422

C组：自愿性披露CSR报告的子样本						
	AQ		REM1		REM2	
	模型1	模型2	模型3	模型4	模型5	模型6
截距项	-0.0442 (-0.44)	-0.0351 (-0.34)	0.4642*** (2.62)	0.4346*** (2.42)	0.8570*** (4.70)	0.8207*** (4.45)
CSR	0.0002 (0.72)		-0.0006 (-1.08)		-0.0008 (-1.35)	
CSRs		0.0025 (0.64)		-0.0079 (-1.13)		-0.0097 (-1.36)
SIZE	0.0050 (1.18)	0.0050 (1.19)	-0.0181*** (-2.49)	-0.0181*** (-2.48)	-0.0313*** (-4.19)	-0.0313*** (-4.18)
CF	-0.0202 (-0.44)	-0.0200 (-0.43)	-0.3826*** (-4.09)	-0.3825*** (-4.09)	-1.0938*** (-11.39)	-1.0938*** (-11.39)
CFV	0.0313*** (4.26)	0.0313*** (4.26)	-0.0056 (-0.34)	-0.0056 (-0.33)	-0.0212 (-1.23)	-0.0212 (-1.23)
DEBT	-0.0613*** (-3.49)	-0.0613*** (-3.49)	-0.0162 (-0.51)	-0.0163 (-0.51)	-0.0976*** (-3.00)	-0.0976*** (-3.00)
LOSS	0.0112 (1.31)	0.0112 (1.30)	0.0144 (0.87)	0.0145 (0.88)	-0.0245 (-1.45)	-0.0244 (-1.44)
AZ	0.0054*** (7.18)	0.0054*** (7.18)	-0.0024 (-1.47)	-0.0024 (-1.47)	0.0002 (0.13)	0.0002 (0.13)
MB	-0.0058* (-1.85)	-0.0058* (-1.86)	-0.0161*** (-3.60)	-0.0161*** (-3.60)	-0.0040 (-0.87)	-0.0040 (-0.87)
RET	-0.0166 (-0.86)	-0.0165 (-0.86)	-0.0338 (-0.85)	-0.0337 (-0.84)	0.0041 (0.10)	0.0042 (0.10)

续表

C组：自愿性披露CSR报告的子样本						
	AQ		REM1		REM2	
	模型1	模型2	模型3	模型4	模型5	模型6
年度固定效应	YES	YES	YES	YES	YES	YES
行业固定效应	YES	YES	YES	YES	YES	YES
调整后的 R^2	0.16	0.16	0.14	0.14	0.27	0.27
观测值数量	500	500	801	801	801	801

注：表3-10展示了剔除大公司样本的回归结果。具体而言，每年我们把所有样本公司根据其公司规模进行排序，剔除掉排名前20%的大公司，对剩余样本根据方程（3.5）进行回归。A组报告的是全样本中剔除大公司样本的回归结果；B组报告的是强制性披露CSR报告的子样本中剔除大公司样本的回归结果；C组报告的是自愿性披露CSR报告的子样本中剔除大公司样本的回归结果。所有变量的描述见表3-1。括号中报告的是标准误差基于时间和行业固定效应的t统计量。***、**、*分别表示该系数在1%、5%和10%的置信水平上呈现统计性显著。

表3-11　　剔除国有企业的回归结果

A组：全样本						
	AQ		REM1		REM2	
	模型1	模型2	模型3	模型4	模型5	模型6
截距项	0.0154 (0.50)	0.0051 (0.16)	0.2576*** (3.16)	0.2214*** (2.65)	0.5032*** (6.12)	0.4621*** (5.48)
CSR	-0.0002*** (-2.63)		-0.0008*** (-3.38)		-0.0009*** (-3.67)	
CSRs		-0.0028*** (-2.56)		-0.0098*** (-3.32)		-0.0109*** (-3.67)
SIZE	0.0020* (1.65)	0.0020 (1.63)	-0.0080*** (-2.49)	-0.0081*** (-2.50)	-0.0156*** (-4.79)	-0.0156*** (-4.78)
CF	0.0205 (1.50)	0.0205 (1.50)	-0.2674*** (-6.73)	-0.2675*** (-6.73)	-0.7947*** (-19.82)	-0.7947*** (-19.82)
CFV	0.0296*** (6.33)	0.0296*** (6.34)	0.0013 (0.09)	0.0015 (0.10)	-0.0045 (-0.32)	-0.0044 (-0.31)
DEBT	-0.0193*** (-3.13)	-0.0193*** (-3.13)	-0.0125 (-0.74)	-0.0124 (-0.74)	-0.0598*** (-3.51)	-0.0598*** (-3.50)
LOSS	0.0114*** (3.21)	0.0114*** (3.22)	0.0300*** (3.01)	0.0301*** (3.02)	0.0116 (1.15)	0.0117 (1.16)

续表

A组：全样本						
	AQ		REM1		REM2	
	模型 1	模型 2	模型 3	模型 4	模型 5	模型 6
AZ	0.0007** (2.05)	0.0007** (2.05)	-0.0017* (-1.64)	-0.0017 (-1.64)	0.0050*** (4.65)	0.0050*** (4.65)
MB	0.0020** (2.13)	0.0020** (2.15)	-0.0175*** (-7.40)	-0.0174*** (-7.38)	-0.0075*** (-3.13)	-0.0074*** (-3.12)
RET	0.0063 (0.68)	0.0063 (0.67)	-0.1393*** (-5.29)	-0.1394*** (-5.29)	-0.0885*** (-3.33)	-0.0884*** (-3.33)
年度固定效应	YES	YES	YES	YES	YES	YES
行业固定效应	YES	YES	YES	YES	YES	YES
调整后的 R^2	0.13	0.13	0.26	0.26	0.37	0.37
观测值数量	1 820	1 820	2 293	2 293	2 293	2 293

B组：强制性披露CSR报告的子样本						
	AQ		REM1		REM2	
	模型 1	模型 2	模型 3	模型 4	模型 5	模型 6
截距项	-0.0450 (-1.44)	-0.0575* (-1.79)	-0.0104 (-0.10)	-0.0568 (-0.54)	0.1598 (1.58)	0.1041 (1.01)
CSR	-0.0003*** (-3.54)		-0.0011*** (-4.06)		-0.0012*** (-4.64)	
CSRs		-0.0034*** (-3.42)		-0.0127*** (-3.96)		-0.0147*** (-4.65)
SIZE	0.0041*** (3.33)	0.0041*** (3.30)	0.0035 (0.87)	0.0034 (0.85)	-0.0014 (-0.35)	-0.0013 (-0.34)
CF	0.0245* (1.87)	0.0245* (1.87)	-0.2241*** (-5.05)	-0.2242*** (-5.05)	-0.7446*** (-16.95)	-0.7445*** (-16.95)
CFV	0.0387*** (4.57)	0.0388*** (4.57)	0.0057 (0.20)	0.0059 (0.20)	0.0211 (0.74)	0.0212 (0.74)
DEBT	-0.0048 (-0.80)	-0.0047 (-0.80)	0.0117 (0.60)	0.0118 (0.60)	-0.0115 (-0.59)	-0.0113 (-0.58)
LOSS	0.0138*** (3.89)	0.0138*** (3.89)	0.0309*** (2.58)	0.0309*** (2.58)	0.0218* (1.84)	0.0219* (1.85)
AZ	0.0003 (0.86)	0.0003 (0.86)	-0.0024** (-2.11)	-0.0023** (-2.10)	0.0042*** (3.80)	0.0042*** (3.81)

续表

B组：强制性披露CSR报告的子样本						
	AQ		REM1		REM2	
	模型1	模型2	模型3	模型4	模型5	模型6
MB	0.0025*** (2.86)	0.0025*** (2.90)	-0.0160*** (-5.75)	-0.0159*** (-5.72)	-0.0063** (-2.30)	-0.0063** (-2.28)
RET	0.0287*** (2.58)	0.0285*** (2.56)	-0.2725*** (-7.44)	-0.2729*** (-7.44)	-0.1668*** (-4.60)	-0.1669*** (-4.60)
年度固定效应	YES	YES	YES	YES	YES	YES
行业固定效应	YES	YES	YES	YES	YES	YES
调整后的 R^2	0.19	0.19	0.34	0.34	0.44	0.44
观测值数量	1 398	1 398	1 586	1 586	1 586	1 586

C组：自愿性披露CSR报告的子样本						
	AQ		REM1		REM2	
	模型1	模型2	模型3	模型4	模型5	模型6
截距项	0.1102 (1.11)	0.1111 (1.11)	0.4814*** (2.70)	0.4643*** (2.58)	0.8086*** (4.40)	0.7810*** (4.20)
CSR	0.0000 (0.10)		-0.0004 (-0.61)		-0.0006 (-0.98)	
CSRs		0.0002 (0.05)		-0.0046 (-0.62)		-0.0073 (-0.97)
SIZE	-0.0011 (-0.26)	-0.0011 (-0.26)	-0.0188*** (-2.58)	-0.0187*** (-2.58)	-0.0292*** (-3.90)	-0.0292*** (-3.90)
CF	-0.0066 (-0.14)	-0.0065 (-0.14)	-0.3670*** (-3.80)	-0.3669*** (-3.80)	-0.9731*** (-9.77)	-0.9730*** (-9.77)
CFV	0.0280*** (3.77)	0.0280*** (3.77)	-0.0024 (-0.14)	-0.0024 (-0.14)	-0.0168 (-0.95)	-0.0167 (-0.94)
DEBT	-0.0658*** (-3.46)	-0.0659*** (-3.46)	-0.0383 (-1.13)	-0.0383 (-1.13)	-0.1205*** (-3.43)	-0.1206*** (-3.43)
LOSS	0.0078 (0.83)	0.0078 (0.83)	0.0213 (1.17)	0.0214 (1.18)	-0.0135 (-0.72)	-0.0133 (-0.71)
AZ	0.0025* (1.74)	0.0025* (1.74)	0.0015 (0.54)	0.0015 (0.54)	0.0067*** (2.34)	0.0067*** (2.34)
MB	-0.0045 (-1.36)	-0.0045 (-1.36)	-0.0176*** (-3.72)	-0.0176*** (-3.72)	-0.0082* (-1.68)	-0.0083* (-1.69)

续表

C组：自愿性披露CSR报告的子样本						
	AQ		REM1		REM2	
	模型1	模型2	模型3	模型4	模型5	模型6
RET	-0.0125 (-0.62)	-0.0125 (-0.62)	-0.0287 (-0.68)	-0.0287 (-0.68)	-0.0109 (-0.25)	-0.0108 (-0.25)
年度固定效应	YES	YES	YES	YES	YES	YES
行业固定效应	YES	YES	YES	YES	YES	YES
调整后的 R^2	0.08	0.08	0.13	0.13	0.26	0.26
观测值数量	422	422	707	707	707	707

注：表3-11报告了剔除国有企业后，对剩余样本根据公式（3.5）进行回归的结果。A组报告的是全样本中剔除国有公司样本的回归结果；B组报告的是强制性披露CSR报告的子样本中剔除国有公司样本的回归结果；C组报告的是自愿性披露CSR报告的子样本中剔除国有公司样本的回归结果。所有变量的描述见表3-1。括号中报告的是标准误差基于时间和行业固定效应的t统计量。***、**、*分别表示该系数在1%、5%和10%的置信水平上呈现统计性显著。

第四章
企业社会责任表现对股价滞后效应的影响及其股价预测作用

本章主要研究企业社会责任绩效在预测公司股票价格和未来收益方面的作用。本书的预测分析结果确定了企业社会责任表现与价格延迟效应的代理变量之间呈现出负相关关系。国有企业参与企业社会责任活动的动机往往具有政治导向性，企业社会责任绩效与价格延迟效应之间的负相关关系在国有企业样本中较为薄弱。相反地，较高的企业社会责任绩效可以有效地降低非国有企业的股价延迟效应。此外，本书发现具有价格延迟效应的公司预计在未来拥有较高的股票收益。具体而言，与企业社会责任无关的价格延迟效应部分相比，收益溢价主要来源于与企业社会责任相关的价格延迟效应部分。总的来说，以上结果表明，企业社会责任绩效在提高股票价格效率方面发挥了重要的正向作用。我们对这一发现提出了一个可能性的解释，即企业社会责任绩效可被视为股权预测的附加信息之一。

第一节　引　　言

根据有效市场假说理论（efficient market hypothesis，EMH），股票价格在无摩擦的金融市场中可以对新信息作出快速、完全且准确地反应。然而，大量理论和实证研究均验证了金融市场上存在各类市场摩擦，如不完全信息（Merton，1987）、信息不对称（Jones and Slezak，1999；Wood，1991），以及卖空约束（Miller，1977）。进一步的研究指出，以上市场摩擦可能会导致股票价格对新信息出现调整的延迟反应（Hou and Moskowitz，2005）。一方面，中国股票市场作为一个新兴的资本市场，提高其股票市场效率和减少市场摩擦是一个至关重要的需求；另一方面，随着中国经济的快速发展，企业的盈利模式和社会、环境以及社区的和谐发展也受到了较大的挑战。因此，不管是微观层面的企业、投资者、公众，还是宏观层面的政府和媒体，均开始关注如何平衡经济增长和企业社会责任的问题。已有研究提出，公司参与企业社会责任活动可以帮助其提高公司声誉，促使其建立更加透明的信息环境（Aguilera et al.，2007；Cai et al.，2011；Cui et al.，2016；Greening and Turban，2000；Turban and Greening，

1997）。因此，本章研究的第一个问题是，企业社会责任活动的表现对于投资者而言，是否是一个可以帮助他们分析股价信息并提高股价效率的有价值的信息。

股票价格延迟反应是对市场层面信息的回应，这些信息充分反映了市场是存在摩擦的。因此，在本章的研究中，将通过衡量股票价格延迟效应来检验中国资本市场的有效性。一些学者认为，股票价格延迟效应的发生主要是因为投资者对公司的认可度较低，这表明股票价格延迟程度较大的公司在未来需要更高的收益补偿（Hou and Moskowitz，2005）。基于流动性理论，另一些学者表示价格延迟效应产生的收益溢价主要是由于系统流动性风险引起的。此外，企业社会责任报告的披露向外部投资者提供了更多关于公司未来现金流的非财务信息（Cho et al.，2013；Cui et al.，2016）。企业社会责任表现不佳的公司，投资者的认可度和其本身的流动性均可能较低。因此，本章研究的第二个问题是价格延迟效应中由企业社会责任解释的部分是否与更高的未来股票收益相关联。

根据已有研究，本章通过衡量公司层面的股票价格对市场新闻或特定公司新闻的延迟反应作为股票价格延迟效应的代理变量（Hou and Moskowitz，2005）。本章采用润灵环球 CSR 评级（RKS）数据库的 CSR 评级得分作为衡量企业社会责任绩效的代理变量。具体而言，RKS 从四个维度用 153 个细部指标对每个披露企业社会责任报告的公司的报告内容进行评估，并给出从 1（最低）到 100（最高）的评级得分①。本章研究的样本区间从 2009～2015 年。与预测一致，本章发现企业社会责任表现不佳的公司，会引起其股票价格对市场或者公司特定信息出现较为强烈的延迟反应。这一发现在控制了已有研究中发现的潜在影响价格延迟效应的变量后仍成立，即投资者关注变量和非流动性代理变量。

进一步地，根据公司所有权结构不同，本章将总样本分为国有企业（state-owned enterprises，SOEs）和非国有企业（non－SOEs）两个子样本。本章的实证结果显示，企业社会责任绩效和价格延迟效应的负向关系只有在非国有企业子样本中显著。由于国有企业参加企业社会责任活动具有较强的政治目标取向，所以，上述负向关系在国有企业子样本中较弱（Li and Zhang，2010）。已有企业社会责任文献强调，研究企业社会责任这一议题，必须考虑企业社会责任的内生性问题（Cui et al.，2016；Ioannou and Serafeim，2015；Jo and Harjoto，2011，

① 润灵环球 CSR 评级体系的细部指标详见附录 A。

2012)。因此，本章通过企业社会责任绩效的工具变量进行两阶段回归法（2SLS）来解决模型设定中存在的内生性问题，并发现企业社会责任绩效和价格延迟效应的显著负向关系在考虑内生性问题之后，依然存在。

此外，本章继续检验价格延迟效应中的企业社会责任绩效成分是否可以预测未来股票收益。已有文献已证实，非财务报告中的信息为外部投资者提供了除财务报告之外的更多关于公司的信息，丰富了投资者对该公司的认识，同时降低了内外部投资者之间的信息不对称性，这些作用可以帮助投资者预测股票价格的未来收益（Brockhoff，1984；Christodoulakis and Mamatzakis，2008；Heilemann，2002；Sheng and Thevenot，2015）。本书的研究设计允许将股票价格延迟收益溢价划分为与 CSR 相关的成分，该成分是由回归中 CSR 解释的股票价格延迟的拟合值来衡量，本书主要强调较差的企业社会责任绩效预示着较强的价格延迟效应；与 CSR 不相关的成分，即当期价格延迟效应的原始值和与 CSR 相关成分的延迟效应之差。实证结果表明，总价格延迟效应和与 CSR 相关的价格延迟效应部分均与未来股票收益呈现正向且显著的关系。具体而言，与 CSR 相关的股票价格延迟效应解释了将近 80% 的未来股票收益溢价。这一结果表明，存在严重价格延迟效应的公司通常在未来会获得较高的收益补偿，这一发现对于那些较少参与社会责任活动的公司更加显著。以上价格预测效应的结果是基于给定样本的给定时间区间，本章接下来要对这一发现进行样本外的检验。样本外检验的实证结果依然证实了，与 CSR 相关的价格延迟效应成分可以更加准确地预测股票的未来收益。

本章的内容对已有文献作出了以下三个方面的贡献。第一，这是第一篇在中国股票市场上，探究公司层面的企业社会责任表现如何影响股票价格效率的实证研究。本章的研究结果强调了企业社会责任活动在“信息—价格”转化过程中发挥了重要作用。第二，中国股票市场拥有较大数量的国有企业上市公司，这就为本章进一步区分企业社会责任绩效对国有企业和非国有企业股票价格延迟效应的不同影响提供了便利性。本章得出的关于企业社会责任绩效与股票价格延迟效应之间关联关系的实证结果，对其他拥有较大数量国有企业的新兴资本市场而言，具有借鉴意义。第三，本章研究股票价格延迟效应的每个组成部分如何预测未来的股票收益。研究结果表明，企业社会责任表现较差的公司预计会经历强烈的价格延迟效应，相应地，将会在未来有较高的股票收益溢价。

本章的其余部分安排如下。在第二节，介绍了中国股票市场的制度背景以及企业社会责任的发展现状。在第三节，讨论了企业社会责任和股票价格延迟效应的相关文献，并据此提出了本书的假设。在第四节，对样本、数据和主要解释变量进行了描述。第五节，主要介绍了本书的实证结果和一些稳健性检验。第六节为结语部分。

第二节　制度背景介绍

一、我国经济发展的制度背景①

我国经济经历了30多年的高速增长，这得益于计划经济体制下的改革开放，并形成了具有中国特色的改革之路。政治干预成为我国经济转轨中的一个重要的制度特征，在很大程度上影响着整个经济的运行和企业的经营决策，主要表现在：（1）分权改革和财政联邦主义使得地方政府拥有了经济发展的权力，地方政府控制了经济运行中几乎所有的关键性生产要素（如资金、土地、项目审批、政府补贴、税收减免、劳动力政策等），进而对企业和当地经济发展可以施加决定性影响（周黎安，2008）；（2）行政发包和“锦标赛”晋升激励导致地方政府要求政绩，追求过高的GDP，地方政府间的过度竞争成为地方政府干预地区经济发展的动力；（3）中央政府为了确保公有制经济的主体地位，对某些关键领域和行业设置了进入壁垒，确保大型国有企业对行业和领域的掌控，长期积累的市场优势形成垄断，损害社会福利，例如，电力、石油、电信、钢铁等行业；（4）公有制经济在国民经济中的比重还是很高。我国大约60%的上市公司以政府为最终控制人，而其他国家中的这一比重最高的是新加坡为23.5%，最低的英国仅为0.08%（Li and Zhang，2010）。这为地方政府行使其股东权利

① 引自建蕾：《企业社会责任、高管薪酬与相对绩效评价》，中央财经大学博士论文，2016年。

直接干预地区企业的经营决策提供了条件。

我国国有企业与非国有企业由于企业目标、员工激励、经营环境和政治支持等制度安排的差异，在政治寻租动机及经济后果上有着很大不同，也导致了企业经营决策的差异。具体来说，非国有企业的目标是获取最大化的利润，企业高管一般持有企业股份而分享剩余利润，有动力通过一切手段去追逐高额利润。与国有企业相比，非国有企业得到政府支持相对较少。因此，非国有企业会通过政治寻租去获得政府更多支持，包括良好经营环境、政策资源等。

与非国有企业不同的是，国有企业的大股东就是政府，官员代替政府行使股东权利，如选聘高管、影响重大决策等。政府与国有企业利益基本一致，政府在很大程度上会主动给国有企业予以支持，并不需要像非国有企业那样通过政治寻租来获取经济方面的利益。国有企业的政治寻租并非表现在政府与企业之间，而更多地表现在上级官员与国有企业高管之间，企业的寻租行为更多的是为高管个人目的服务。具体而言，对于国有企业高管来说，政治晋升远比获取经济利益重要得多。国有企业高管属于国家干部，由政府任命，有着一定的行政级别，很多高管本来就是政府官员，仍然实行“党管干部”原则，企业高管由各级组织部门任命，干得好的就会任命为上一级领导。在我国现行政治制度下，政府官员掌握了资源的分配权，几千年来的“官本位”思想导致做官比经营企业更为重要。国有企业高管在个人晋升激励下，在企业经营决策上更多地满足上级官员的目标与利益诉求，企业的政治寻租活动，体现为政府官员和企业高管之间的政治目标与未来晋升机会之间的交易行为。因此，与非国有企业相比，国有企业的政治寻租活动会有以下的特点：（1）寻租活动使得企业的目标并非单纯的利润最大化，反而是一种多任务目标体系，既有经济目标，也有包括维持社会稳定等政治目标（Bai et al.，2006）；（2）企业的寻租支出与从政府获得的利益支持不存在因果关系，无法进行成本效益分析，难以被直接观察或检验；（3）企业的寻租活动有强烈的政策性与时效性，与当前政治氛围中热点问题密切相关。

二、我国股票市场的发展现状

我国股票市场成立于20世纪90年代初，其中，上海证券交易所于1990年

11 月26 日成立，而深圳证券交易所于1990 年12 月1 日成立。截至2018 年底，两大交易所共有四个板块：上海证券交易所主板、深圳证券交易所主板、深圳证券交易所中小企业板和深圳证券交易所创业板。在我国股票市场成立之初，股权分置是其所具有的独特特征之一，即上市公司可以同时拥有两种类型的股票：公众持有的可上市流通的股票和国家或法人持有的非上市流通的股票。2005 年4 月29 日，经国务院批准，中国证券监督管理委员会发布了《关于上市公司股权分置改革试点有关问题的通知》，启动了股权分置改革的试点工作，旨在消除非流通股和流通股的流通制度差异，解决A 股市场相关股东之间的利益平衡问题。该项改革已于2015 年10 月基本完成。与发达资本市场中机构投资者的主导作用相比，中国股票市场是以噪音交易为主的个人投资者为主导（Kang et al.，2002）。此外，较强的政府干预仍然是现阶段我国股票市场的主要特征之一，因此，我国股票市场往往被归为政策导向性市场。虽然我国股票市场经过了将近30 年的高速发展，但其市场运行效率和效能仍然相对较低。

三、我国企业社会责任的制度背景

自改革开放以来，我国政府通过推行一系列的制度政策，大力发展市场经济，推动了国民经济的快速发展。但是，与此同时，环境污染、食品安全、资源消耗、员工保护、社区发展以及商业道德等企业社会责任问题不断出现，给社会、政府、企业以及环境的可持续发展提出了严峻的考验。特别是随着2008 年“三鹿奶粉”事件的发生，企业社会责任问题更是引起了政府、学术界、媒体和中国企业的广泛关注。根据2008 年中国社会科学院进行的一项调查显示，大多数中国投资者已经开始关注企业的社会责任活动。

从宏观层面上来讲，2016 年10 月，我国政府明确提出2020 年构建社会主义和谐社会的目标和主要任务。其中，从经济增长和企业经营层面上来看，企业承担社会责任实现经济的可持续发展与构建和谐社会的目标是保持高度一致的。2008 年11 月22 日，胡锦涛在亚太经济合作组织（APEC）第十六次领导人非正式会议上提出：企业应该树立全球责任观念，自觉将承担社会责任纳入经营战略，遵守所在国法律和国际通行的商业习惯，完善经营模式，追求经济效益和社会效益的统一。这是在金融危机发生后，我国高层领导人首次正式阐述中国政府对企业承担社会责任的立场，以及企业承担社会责任与促进经济社会健康稳定发展的关系。以上国家战略层面上的提倡和决议均表明，在国内的社会环境中企业承担社会责任已不仅仅是企业自身经营决策的经济问题，更加上升为战略发展层面上的政治问题，企业承担社会责任已经成为我国政治氛围中的重点与热点问题。中国政府作为最大也最有权力的利益相关者，通过专门发布多项与企业社会责任相关的指导方针，来平衡国有企业经济的快速增长以及快速发展所带来的社会问题。

具体到上市公司层面，2006 年 9 月 25 日，深圳证券交易所发布了《上市公司社会责任指引》，指出上市公司社会责任是指上市公司对国家和社会的全面发展、自然环境和资源，以及股东、债权人、职工、客户、消费者、供应商、社区等利益相关方所应承担的责任，同时，要求各上市公司定期分析其企业社会责任表现，鼓励企业主动披露其企业社会责任报告。2008 年 5 月 14 日，上海证券交易所加强了社会责任信息披露规定，发布了《上海证券交易所上市公司环境信息披露指南指引》，要求三类上市公司每年披露企业社会责任报告，包括公司治理板块样本的公司、在境外有发行外资股的公司和金融类的公司，并鼓励其他公司进行企业社会责任报告披露。公司可以根据自身特点拟定年度社会责任报告的具体内容，但报告至少应包括如下方面：公司在促进社会可持续发展方面的工作；公司在促进环境及生态可持续发展方面的工作；公司在促进经济可持续发展方面的工作。2009 年，上海证券交易所推出了企业社会责任指数（social responsibility index，SRI）。深圳证券交易所分别于 2009 年 10 月和 2010 年 7 月颁布了《深圳证券交易所创业板上市公司规范运作指引》《深圳证券交易所主板上市公司规范运作指引》和《深圳证券交易所中小企业上市公司规范运作指引》详细规定了在深圳证券交易所三个板块上市的企业的年度社会责任报告的内容至少应包括以下三点：（1）关于职工保护、环境污染、商品质量、社区关系等方面的社会责任制度的建设和执行情况；（2）履行社会责任存在的问题和不足，与本指引存在差距及原因说明；（3）改进措施和具体时间安排。

具体到不同类型的企业，各相关机构分别提出了不同的企业社会责任要求。基于以上两个法律法规的基本准则和要求，2008 年 1 月 4 日，国务院国有资产监督管理委员会发布了《关于中央企业履行社会责任的指导意见》，把企业社会责任确立为中央政府在实现经济和社会发展目标过程中的一个关键手段，要求国有企业借鉴外国企业的经验，积极参与有关企业社会责任标准的国际对话。2016 年 7 月，国务院国有资产监督管理委员会再次发布《关于国有企业更好履行企业社会责任的指导意见》，进一步强调了社会责任在国有企业中的重要作用。为督促银行业金融机构落实科学发展观，承担企业社会责任，促进经济、社会、环境的和谐与可持续发展，2009 年 1 月 12 日，中国银行业协会发布了《中国银行业金融机构企业社会责任指引》。

以上法律法规和指引强调了企业承担社会责任的紧迫性和必要性。中国企业从 2008 年大约只有 180 家披露了它们的企业社会责任报告，到 2014 年，681 家上市公司发布了其企业社会责任报告，其中包括 405 份强制性报告和 281 份自愿性报告，再到 2015 年，共有 701 家上市公司发布了企业社会责任报告，包括 408 份强制性企业社会责任披露报告和 293 份自愿性企业社会责任披露报告。其中，我国国有企业承担企业社会责任的情况要远远高于非国有企业。

在 2010 年，相比于美国只有 5% 的慈善捐款来自公司，中国有将近 2/3 的慈善捐款来自公司层面的捐赠。其中，57% 的公司捐赠来自中国的非国有企业，22% 来自有国有企业①。为什么相对于美国公司来讲，中国企业热衷于慈善捐款活动？其背后的动机以及慈善活动捐赠所带来的经济利益优势是如何的，是否与公司股权结构有直接的关系呢？这些问题，我们会在第三节作出分析并提出我们的假设。

第三节　相关文献回顾和假说的提出

一、企业社会责任的理论基础

虽然截至目前，学术界和实业界均未对企业社会责任给出普遍的定义，但

① 这一样本包括了上市公司和非上市公司（Lin et al.，2015）。

大多数学者认为，企业社会责任通常是指企业如何为其他利益相关者、社区和环境服务的标准。企业社会责任在解决经济、环境、社会和道德问题方面发挥着至关重要的作用（Hur et al.，2014；Skard and Thorbjornsen，2014）。已有的企业社会责任研究主要集中在企业社会责任表现和公司财务绩效的关系上。例如，公司参与较多的企业社会责任活动为企业提供了更有效的公司治理手段，从而提高了公司价值（Lo and Sheu，2007）或降低了资本成本（Dhaliwal et al.，2011；El Ghoul et al.，2011）。同时，企业社会责任表现较好的公司会引起分析师更多的关注，进而有更多专业机构和分析师推荐其股票以及其他金融产品（Ioannou and Serafeim，2015），同时，会吸引更多分析师对其股票进行跟随和追踪分析（Hong and Kacperczyk，2009）。

已有研究提出这样一个观点，企业社会责任绩效评级是非财务信息披露的一个重要手段，可以提高公司的信息透明度。例如，参与更多企业社会责任活动的公司预期会披露更多的非财务信息，从而提升其信息透明度（Dhaliwal，2011，2012）。已有实证研究指出，企业社会责任绩效与资本的可获得性呈正相关关系，这就表明企业社会责任绩效可以提高企业信息透明度（Cheng et al.，2014）。基于管理者控制信息质量的能力，有些学者认为公司层面的企业社会责任表现反映了其管理者的道德水平和前瞻性意识，并进一步证实了社会责任感较强的管理者披露的财务报告更可靠和透明（Kim et al.，2012）。基于声誉构建理论（Greening and Turban，2000；Turban and Greening，1997），另一些学者认为，为了维持其声誉，具有较高企业社会责任评级的公司有更多的动机去建立更良好的信息环境（Cui et al.，2016）。

此外，企业社会责任报告可以作为企业与外部股东和其他利益相关者沟通的有效机制和手段（Fisman et al.，2008；Freeman，1984；Lys et al.，2015）。已有研究进一步强调企业社会责任报告中的信息对投资者具有较高的价值，并认为企业社会责任报告中披露的企业社会责任表现的相关信息起到了与传统财务报告中的财务信息类似的作用，可以帮助外部投资者更加了解公司的运营情况（Cho et al.，2013）。通过对企业社会责任表现与消费者、客户、员工、债权人、政府和其他各利益相关方的利益之间的关联进行全面的文献综述，崔金华等（2016）发现企业社会责任报告是外部利益相关者预测公司前景的有效指标。

二、股票价格延迟效应的相关研究

有效市场假说假定股票价格在无摩擦的资本市场中对新信息会作出快速且准确的反应。同时，传统的资产资本定价模型也假设市场是无摩擦的和投资者进行的是多样化的投资。然而，大量的实证研究表明资本市场上存在各种各样的摩擦，如信息不对称、信息不完整、卖空约束、税收、流动性以及噪音交易者和情绪风险等（Hirshleifer，1988；Hou and Moskowitz，2005；Jones and Slezak，1999；Merton，1987；Wood，1991）。其中，侯恪惟和马科维茨（2005）指出，以上摩擦可能会阻碍股票价格面对新信息时作出及时的调整，因而可能存在股票价格延迟效应。

韦雷基亚和莫顿（Verrecchia，1980；Merton，1987）构建了不完整信息模型，并认为与知名的股票相比，投资者不太可能持有他们所不太了解的股票。在这种情况下，莫顿（1987）证明，由于缺乏投资者认可，被投资者忽视越多的股票往往具有更高的未来预期收益。侯恪惟和马科维茨（2005）发现传统流动性变量，包括交易量、换手率、股票价格、交易日天数、买卖价差、价格影响以及交易成本，并没有捕捉到价格延迟效应的存在以及其收益预测能力。同样地，他们也未找到支持综合流动性风险因子对价格延迟效应影响的证据。相反地，基于莫顿（1987）的投资者认可理论，侯恪惟和马科维茨（2005）使用投资者认可度的代理变量，如分析师关注度、机构投资者所有权、股东数量、员工数量、当地交易所会员、广告支持和偏远距离（公司总部所在地与机场之间的距离），发现以上变量很好地解释了股票价格延迟效应；即使是在控制了一系列流动性变量和公司规模变量后，以上关系仍然存在。

然而，一些学者的研究结果支持流动性理论，即如果公司的股票价格延迟反应较为严重，该股票对投资者的吸引力就不足，进而市场流动性带来的冲击将很难被吸收（Ng，2011；Lin et al.，2014）。这就进一步导致了在市场环境比较差的情况下，股东面临更高的流动性风险且在卖出时必须接受较低的价格。相应地，投资者持有具有价格延迟效应的股票就会要求更高的收益率以弥补持有这些股票所带来的较高流动性风险。采用资产定价模型中的流动性测量方法

（Liu，2006），林基财等（2014）通过实证研究，验证了流动性风险假设可以充分解释股票价格延迟效应的收益溢价。同时，他们强调影响延迟效应的关键因素是投资者所面临的流动性风险，而非信息本身的传播速度。

卡伦等（Callen et al.，2013）提出会计信息质量是市场摩擦的一种，并试图实证检验会计信息质量是否与股票价格延迟效应相关，最终提供的证据表明具有较高会计质量的股票往往具有较低程度的股票价格延迟效应。进一步地，他们发现由会计信息质量解释的延迟效应与股票未来收益呈现高度正相关。钱美芬等（2018）近期研究了公司管理结构特征如何影响中国股票市场上股票反映市场信息的速度。

三、假说提出

本章从以下三个方面来分析企业社会责任绩效和股票价格延迟效应的相关关系。首先，企业社会责任报告可以被当作一种有效的披露非财务信息的工具。如果上市公司披露更多的企业社会责任表现的相关信息，将有助于提高信息透明度，进而提高股票市场的运行效率，从而减少股票价格的延迟反应。其次，科恩等（Cohen et al.，2011）认为外部投资者将企业社会责任评级信息视为其进行投资决策的关键信息。同时，已有文献表明企业社会责任绩效与投资者对股票价值的评估呈现出部分相关性，并提出企业社会责任报告中披露的信息与传统报告中的财务报表信息对于投资者来讲，具有同样重要的作用（Cho et al.，2013）。如果正如侯恪惟和马科维茨（2005）所言，投资者认可程度是股票价格延迟效应的主要决定因素，我们推断投资者可以有效地使用企业社会责任表现的信息作为提高其对该企业认可度的手段，进而提高股票价格对于相关信息的反应速度。最后，林基财等（2014）证明，股票价格延迟程度越高，企业在吸引投资者方面面临的困难就越大。企业社会责任评级较高的企业倾向于承担更多的社会责任，同时更加注重考虑其他利益相关者的利益，故而更有可能吸引外部投资者。因此，较好的企业社会责任表现可以有效地降低投资者面临的流动性风险，并减轻股票价格延迟程度。基于以上分析，我们提出本章的第一个假设，如下：

假设 4 - 1：企业社会责任表现与股票价格延迟效应之间具有负相关关系。

如本章第二节所述，由于中国上市公司的政府所有权比重仍然很高，政治干预是中国股票市场的主要制度特征之一（Li and Zhang，2010）。因此，中国企业社会责任相关的研究主要集中在所有制类型上，即国有企业和非国有企业。之前的研究表明，中国国有企业开展企业社会责任活动主要是为应对政府施加的政治压力而不是利润最大化的经济考虑。例如，中国国有企业参与企业慈善事业——这是企业社会责任活动的一个重要方面——主要是为了履行其对政府的社会义务（Lo and Zhang，2009；Du et al.，2013）。然而，中国国有企业无法从其参与的企业社会责任活动中获得公平的利益（Wang and Qian，2011），这表明它们参与企业社会责任活动的动机是实现政府股东的政治利益（Li and Zhang，2010）。因此，钱翠丽等（2015）的实证结果证实了以上观点，发现对中国国有企业而言，企业社会责任参与提高信息透明度的好处是有限的。因此，中国国有企业的企业社会责任表现对于投资者而言可能不是评估权益价值的有效信息，而企业社会责任报告也可能不是披露非财务信息的有效手段。如果以上结论成立，我们推断，中国国有企业的企业社会责任表现与股价延迟效应之间的负相关关系较弱。

但是，根据之前的研究发现（Peng and Luo，2000；Qian et al.，2015；Xin and Pearce，1996），与国有企业相反，非国有企业有足够的动机开展企业社会责任活动，以塑造自己的声誉和保护利益相关者的利益。此外，与能够从与政府的政治关系中受益的国有企业相比，非国有企业必须通过积极参与更多企业社会责任活动来提高自己的声誉并维持利益相关者的信任。因此，钱翠丽等（2015）认为，非国有企业有更强的动机通过提高信息透明度来表达对外部利益相关者的关注。因此，本章推断企业社会责任表现对减少价格延迟效应的影响对于非国企来说更强烈。因此，本章的第二个假设如下：

假设 4 - 2：企业社会责任表现与股票价格延迟效应之间的负相关关系对非国有企业来说更为显著。

还有两种方法可以将股票价格延迟与未来的股票收益挂钩。一方面，基于莫顿（1987）信息不完全模型，股票价格延迟反应是由于投资者对该公司具有较低的认可度。侯恪惟和马科维茨（2005）提供了在美国股票市场上的经验证据，发现股价具有延迟反应的股票在未来拥有较高的收益率。但是，已有的传统资产资本定价模型无法解释这种收益溢价。进一步地，侯恪惟和马科维茨（2005）将股价延迟效应的收益率溢价主要归因于与投资者认可度相关的市场摩擦。因此，如果企业社会责任表现不佳的企业被投资者忽视或不太了解，我们推断股票价格延迟效应中由企业社会责任解释的部分与未来的收益呈正相关关系。另一方面，已有研究基于流动性假说，认为股票价格延迟效应是由资产的非流动性引起的。林等（Lin et al.，2014）证明，股票价格延迟程度越高，企业在吸引投资者方面面临的困难就越大。这就进一步使投资者面临更高的流动性风险，而较高的流动性风险与未来更高的收益溢价有关。如果企业社会责任表现不佳的企业流动性较差，我们预测由企业社会责任解释的股票价格延迟部分将来会有更高的收益溢价。综上所述，本章的第三个假设如下：

假设 4 - 3：股票价格延迟效应的企业社会责任成分与未来的股票收益正相关。

第四节　样本和研究设计

一、数据和样本选择

我们从中国股票市场和会计研究（CSMAR）数据库收集公司层面的财务数据，企业社会责任相关数据主要来自润灵环球 RKS 数据库。RKS 作为一个第三方评级机构，其对上市公司每年披露的企业社会责任报告的评估相对比较可靠（Cohen et al.，2011）。RKS 提供专业化的企业社会责任评估体系，从企业社会责任的四个维度即整体性（CSR_M）、内容性（CSR_C）、技术性（CSR_T）和行业指数维度（CSR_I）的 153 项细部指标测量上市公司的企业社会责任表现。每项细部测量标准的详细定义见附录 1。RKS 的 CSR 评级得分被广泛用于中国样本的企业社会责任研究（Gong and Ho，2018；Li and Foo，2015；Li et al.，

2013）。本书的样本期从 2009 年，RKS 首次披露其 CSR 评级得分开始，并于 2015 年结束。需要特别说明的是，CSR_M，CSR_C，CSR_T 和 CSR_I 四个维度的评级披露从 2010 年开始。为了有足够数量的观察值来衡量股票价格延迟反应，我们要求样本公司每年至少有不少于 40 个周收益率的观测值。此外，没有 RKS 的 CSR 评级分数的公司不符合我们的样本要求。我们的最终样本包括 3 546 个公司年度观测值。

二、股票价格延迟效应的衡量

按照侯恪惟和马科维茨（2005）的方法，我们采用了两种方法来捕捉企业的股票价格延迟效应。一方面，我们利用股票价格对市场新闻的反应程度来衡量股票价格延迟效应（Delay1）；另一方面，我们使用股票对公司层面的特定新闻的反应程度作为价格延迟效应的替代变量（Delay2）。针对第一种衡量指标，我们每年把单个股票的周收益率与同期和滞后四期的市场组合的周收益率进行回归，如下：

$$r_{j,t} = \alpha_j + \beta_j R_{m,t} + \sum_{n=1}^{4} \theta_j^{(-n)} R_{m,t-n} + \varepsilon_{j,t} \tag{4.1}$$

其中 $r_{j,t}$是股票 j 的第 t 周的收益率，$R_{m,t}$是第 t 周的价值加权市场组合的收益率。如果股票价格对市场信息及时作出反应，那么 β_j 将显著不等于 0，而所有的 $\theta_j^{(-n)}$ 将不会显著等于 0。如果股票价格对市场信息出现延迟反应，那么 $\theta_j^{(-n)}$ 将显著不等于 0。这一回归是基于未来预期收益在以周为单位的时间区间内保持相对不变的假设下，识别股票价格对市场信息的延迟程度①。

接着，我们根据以上估计回归的系数来衡量年度股票价格延迟效应。具体而言，数值 1 减去来自方程（4.1）中限制模型回归的 R^2（$R^2_{restricted}$）与非限制模型获得的 R^2 的比率即为第一种价格延迟的反应程度（Delay1）②。

---

① 已有文献指出，随着时间变化的预期收益率对短期层面的收益率自相关的解释能力较弱，这就表明预期收益率在较短的时间水平上（通常少于 1 个月）是保持不变的（Hou，2007）。

② $R^2_{restricted}$是方程（4.1）在 $\theta_j^{(-n)}=0$，$\forall n \in [1, 4]$ 限制条件下进行回归得到的 R^2，$R^2_{unrestricted}$是方程（4.1）在无任何限制下进行回归得到的 R^2。

$$\text{Delay} = 1 - \left(\frac{R^2_{\text{restricted}}}{R^2_{\text{unrestricted}}}\right) \qquad (4.2)$$

如果 $R^2_{restricted}$ 和 $R^2_{unrestricted}$ 的比率接近 0，意味着当期的股票周收益率与滞后期的市场组合收益之间具有较强的相关关系。这表明股票价格对市场信息的调整具有延迟性。为减轻变量误差问题，根据已有文献的做法，我们使用投资组合方法来计算公司的股票价格延迟。Delay 的数值越大，代表收益率的变化大多来自滞后期的收益率，即公司层面的股票价之后效应越强烈。

按照卡文等（2013）的方法，我们使用公司层面的特定新闻作为稳健性检验来衡量股票价格延迟反应。具体而言，我们将回归方程（4.1）中的 4 个滞后市场收益项替换为 4 个滞后的公司层面的收益项，然后以回归方程（4.2）估计第二种股票价格的延迟效应（Delay2）。

三、描述性统计

在本节中，我们检验股票价格延迟效应、企业社会责任表现和其他潜在影响股票价格延迟效应的决定因素（Hou and Moskowitz，2005）之间的单变量关系。每个会计年度年底，我们根据股票价格延迟效应（Delay1）将所有样本公司区分为 10 组。其中，具有最高 Delay1 值的公司在组合 9 中，组合 0 中由 Delay1 最低值的公司组成。

从表 4 - 1 展示的数据中，我们发现组合 0 的原始 CSR 评级得分的平均值显著高于组合 9。这两个极端投资组合之间的 CSR 评级得分的差异为 2. 237，这在 1% 的置信水平上具有统计显著性。当 Delay2 作为价格延迟效应的替代度量时，以上发现的结果依然成立。根据潘等（Pan et al. ，2015）的做法，我们同样采用 CSRs，即标准化的 CSR 评级分数，定义为原始 CSR 评级得分和行业层面的平均 CSR 评级得分之差与行业 CSR 标准差的比率，作为替代 CSR 测量。同样地，我们发现 CSRs 在两个价格延迟效应的极限组合之间的差值为负向且显著的，表明价格延迟效应强烈的公司往往具有较差的企业社会责任表现。

同侯恪惟和马科维茨（2005）一样，我们还考虑了股票价格延迟效应的其他决定因素。具体来说，我们使用机构投资者持股比例（inshd）和雇员数量的

表 4－1　基于价格延迟效应分组的组合特征分析

变量	0	1	2	3	4	5	6	7	8	9	(9－0)	t 值
Delay1	0.002	0.003	0.003	0.004	0.004	0.005	0.007	0.010	0.014	0.028	0.027	57.900***
Delay2	0.020	0.043	0.062	0.083	0.106	0.133	0.171	0.219	0.295	0.510	0.490	140.970***
CSR	39.027	37.762	38.564	37.866	38.188	37.152	37.600	37.091	37.224	36.790	－2.237	－7.710***
CSRs	0.114	0.021	0.076	0.028	0.049	－0.033	0.009	－0.037	－0.033	－0.066	－0.181	－8.320***
Inshd	0.084	0.079	0.085	0.079	0.093	0.085	0.082	0.084	0.083	0.101	0.017	5.730***
ln(Employee)	6.959	7.392	7.054	7.207	7.116	7.004	7.167	7.264	7.169	7.037	0.078	1.530
ln(Price)	2.389	2.357	2.389	2.393	2.458	2.496	2.458	2.576	2.585	2.770	0.380	26.230***
Trading day	238.362	237.325	237.458	236.758	235.289	236.765	235.453	234.835	234.934	227.222	－11.139	－29.460***
ln(Turnover)	21.949	21.876	21.923	21.894	21.783	21.820	21.741	21.650	21.651	21.393	－0.556	－23.120***
Liquidity	0.063	0.077	0.074	0.080	0.086	0.085	0.084	0.094	0.082	0.115	0.052	16.350***

注：在每个会计年度年末，我们将所有样本公司根据其第一类价格延迟效应（Delay1）的数值大小分为 10 组。0 组代表的是 Delay1 最小值的公司组合，9 组代表的是 Delay1 最大组的公司组合。表 4－1 展示的是 2009～2015 年，每个投资组合的特征分析。Delay1 衡量的是股票价格对于市场信息的延迟反应程度，Delay2 是股票价格对于公司信息的延迟反应程度。CSR 是原始企业社会责任表现评级得分，CSRs 是标准化的 CSR 评级得分。Inshd 是机构投资者持股比例，ln(Employee）是员工数量的自然对数，ln(Price）是 1 年内平均日价格的自然对数，Trading day 是 1 年内总的交易天数，ln(Turnover）是日换手率的自然对数，Liquidity 是 Amihud（2002）非流动性指标。每个变量的具体定义详见附表 4－1。

对数［ln(Emplyee)］作为投资者关注度的代理变量。我们使用1年内平均日股票价格的自然对数［ln(Price)］，1年内的交易天数（Trading day），日换手率的自然对数［ln(Turnover)］和Amihud（2002）非流动性指标（Liquidity）［平均日收益率的绝对值与日交易量（美元）的比率×100 000］。如表4－1所示，价格延迟效应越严重的公司，其1年内的交易天数越少、日换手率月底且流动性越差。但是，我们发现机构投资者持有较多的价格延迟效应的股票份额，潜在的原因可能是因为机构投资者熟知价格延迟效应越严重的公司，其股票在未来具有较高的收益率溢价。此外，两个极端价格延迟效应的投资组合之间的员工数量没有显著差异。

表4－2列出了以上讨论的变量之间的Pearson相关系数矩阵。我们观察到Delay1与原始CSR评级分数（CSR）或标准化CSR评级分数（CSRs）之间均呈现出显著的负相关系数，这与假设4－1中的预测保持一致。虽然Delay2和原始CSR评级分数之间的相关系数不显著，但Delay2和CSRs之间具有显著的负相关系数。其次，我们的控制变量与企业社会责任表现之间的弱相关系数表明，它们从不同层面捕获了股票价格延迟效应的相关信息。

表4－2　　Pearson相关系数矩阵

序号	变量	(1)	(2)	(3)	(4)	(5)	(6)	(7)	(8)	(9)	(10)
(1)	Delay1	1.00									
(2)	Delay2	**0.45**	1.00								
(3)	CSR	**－0.13**	－0.01	1.00							
(4)	CSRs	**－0.14**	**－0.06**	**0.95**	1.00						
(5)	Inshd	**－0.03**	**0.02**	**0.07**	**0.08**	1.00					
(6)	ln(Employee)	**－0.05**	0.00	**0.22**	**0.22**	**0.04**	1.00				
(7)	ln(Price)	**0.06**	**0.16**	**－0.01**	**－0.02**	**0.18**	**－0.04**	1.00			
(8)	Trading day	**－0.20**	**－0.22**	**0.02**	**0.08**	**0.05**	**0.04**	**－0.09**	1.00		
(9)	ln(Turnover)	**－0.19**	**－0.13**	**0.35**	**0.31**	**－0.05**	**0.16**	**－0.20**	**0.07**	1.00	
(10)	Liquidity	**0.22**	**0.08**	**－0.21**	**－0.21**	**－0.06**	**－0.08**	**－0.15**	**－0.09**	**－0.53**	1.00

注：表4－2展示了样本中所有变量两两之间的Pearson相关系数。黑色加粗字体代表该相关系数在10%或以上的置信水平上显著。每个变量的具体定义详见附表4－1。

第五节　主要实证结果和稳健性检验

一、企业社会责任表现和价格延迟效应的回归结果

为进一步深入研究企业社会责任表现对股票价格延迟效应的影响程度，我们对以下模型进行估计回归：

$$Delay_{i,t} = \alpha_0 + \alpha_1 CSR_{i,t} + \sum \alpha_i CONTROL_{i,t} + \varepsilon_{i,t} \quad (4.3)$$

其中，$Delay_{i,t}$是公司 i 在第 t 年的股价延迟程度。$CSR_{i,t}$是企业 i 第 t 年的企业社会责任评级得分，反映了其在 t - 1 年的企业社会责任绩效。CONTROL 是一系列的控制变量，包括投资者关注度和流动性风险的代理变量，它们均被认为是影响价格延迟效应的潜在决定因素（Hou and Moskowitz，2005）。$\varepsilon_{i,t}$是误差项，所有回归都考虑了时间（年度）固定效应和个体（行业）固定效应。

在表 4 - 3 中，我们给出了关于价格延迟效应的两个代理变量（Delay1 和 Delay2）及企业社会责任表现的两个代理变量（CSR 和 CSRs）的回归结果。我们在模型 1 和模型 2 中使用 Delay1 作为被解释变量。其中，模型 1 中的企业社会责任绩效的综合评级得分（CSR）系数为 - 0.0001，t = - 3.15，模型 2 中系数 CSRs 为 - 0.0009，t = - 3.16，说明企业社会责任表现与股票价格对市场信息的延迟效应之间呈显著负相关。此外，我们采用股票价格对公司层面特定信息的反应情况（Callen et al.，2013），即 Delay2 作为价格延迟效应的替代代理变量，进行股票价格延迟程度与企业社会责任表现之间关系的稳健性检验。在模型 3 和模型 4 中，Delay2 作为被解释变量，我们发现系数 CSR 和 CSRs 为负，且在 1% 的置信水平上显著。这些结果有力地支持了我们的观点，即企业社会责任表现对减少股价延迟效应具有非常重要的作用。

表 4-3　企业社会责任表现对股价延迟效应的影响

	Delay1		Delay2	
	模型 1	模型 2	模型 3	Model 4
截距项	0.0787 *** (7.67)	0.0755 *** (7.24)	0.5156 *** (5.00)	0.4946 *** (4.72)
CSR	-0.0001 *** (-3.15)		-0.0004 * (-1.77)	
CSRs		-0.0009 *** (-3.16)		-0.0053 * (-1.90)
Inshd	-0.0022 (-1.07)	-0.0022 (-1.06)	0.0227 (1.10)	0.0228 (1.10)
ln(Employee)	-0.0001 (-0.64)	-0.0001 (-0.64)	0.0024 ** (2.04)	0.0024 ** (2.07)
ln(Price)	0.0008 (1.63)	0.0008 (1.64)	0.0464 *** (8.99)	0.0464 *** (9.01)
Trading day	-0.0002 *** (-9.67)	-0.0002 *** (-9.66)	-0.0022 *** (-12.12)	-0.0022 *** (-12.12)
ln(Turnover)	-0.0013 *** (-3.24)	-0.0012 *** (-3.21)	-0.0014 (-0.36)	-0.0013 (-0.32)
Liquidity	0.0246 *** (8.24)	0.0246 *** (8.26)	0.1318 *** (4.39)	0.1321 *** (4.41)
年度固定效应	YES	YES	YES	YES
行业固定效应	YES	YES	YES	YES
调整后的 R^2	0.11	0.11	0.24	0.24
观测值数量	3 546	3 546	3 546	3 546

注：表 4-3 报告了企业社会责任表现对价格延迟效应影响的回归结果。总样本涵盖了 3 546 个公司年度观测值，时间区间为 2009～2015 年。Delay1 衡量的是股票价格对于市场信息的延迟反应程度，Delay2 是股票价格对于公司信息的延迟反应程度。CSR 是原始企业社会责任表现评级得分，CSRs 是标准化的 CSR 评级得分。Inshd 是机构投资者持股比例，ln(Employee) 是员工数量的自然对数，ln(Price) 是一年内平均日价格的自然对数，Trading day 是一年内总的交易天数，ln(Turnover)是日换手率的自然对数，Liquidity 是 Amihud（2002）非流动性指标。每个变量的具体定义详见表 4-9。括号中报告的是标准误差基于时间和行业固定效应的 t 统计量。***、**、* 分别表示该系数在 1%、5% 和 10% 的置信水平上呈现统计性显著。

同时，在回归模型中，我们还控制了侯恪惟和马科维茨（2005）提出的投资者关注度和股票流动性的代理变量。侯恪惟和马科维茨（2005）认为如果公司具有较高的机构持股比例、1 年内交易天数较多以及较少的缺乏流动性的股票，那么越有可能拥有较为透明的信息环境，因此，其股票价格延迟程度较低。与上述推论一致，在所有模型中，系数 Trading day 均在 1% 的置信水平上显著为负；Amihud（2002）的非流动性指标，系数 Liquidity 也在 1% 的置信水平上显著为正。但是，系数 Inshd 的符号在模型中并不具有一致性。我们的结果从一定程度上支持了林基财等（2014）的流动性假说，即他们认为价格延迟效应是由流动性风险引起的。

进一步地，我们分别检验了润灵环球 CSR 评级的四个维度对价格延迟效应的影响。从表 4－4 的结果，我们发现四个维度均从某个程度上对价格延迟效应具有负向的影响。其中系数 C_value(s) 即 CSR 内容性维度，在模型 2 和模型 7 的回归中均显著为负，说明在预测价格延迟效应中内容性维度起到了关键的作用。特别的是，当我们将四个维度汇集在一起并重新评估每个维度与价格延迟效应的关系时，我们发现只有 C_value(s) 的系数在模型 5 和模型 10 中总是显著为负。控制变量的系数基本与表 4－3 的结果保持一致。

二、国有企业和非国有企业的子样本回归结果

先前的文献研究认为，中国国有企业开展企业社会责任活动的动机主要是履行对政府的社会义务（Du et al.，2013；Fang et al.，2011；Wang and Qian，2011）。相比之下，中国的非国有企业更有可能因为关心利益相关者的利益以及实现与外部投资者的有效沟通而开展企业社会责任活动，从而提高其声誉（Ahlstrom et al.，2000；Qian et al.，2015）。因此，我们预测非国有企业的企业社会责任报告的披露以及其企业社会责任的表现，对于内外投资者进行权益评估时，都是有价值的信息，这就进一步降低了股价的延迟反应程度。但是，对于国有企业而言，我们预测其企业社会责任表现与股价延迟效应的关系相对较弱或不存在。

正如预期的一样，我们从表 4－5 中发现仅在非国有企业的子样本中，企业社会责任表现与股票价格延迟效应之间存在显著的负相关关系。当 Delay1 和

表 4－4　**CSR 四个维度对价格延迟效应的影响**

A 组：Delay1 作为价格延迟效应的代理变量										
	Delay1									
	模型 1	模型 2	模型 3	模型 4	模型 5	模型 6	模型 7	模型 8	模型 9	模型 10
截距项	0.0743*** (6.54)	0.0725*** (6.37)	0.0742*** (6.52)	0.0722*** (6.27)	0.0724*** (6.28)	0.0716*** (6.23)	0.0694*** (6.01)	0.0725*** (6.26)	0.0706*** (6.09)	0.0704*** (6.04)
M_value	−0.0002** (−2.19)				0.0000 (−0.14)					
C_value		−0.0002*** (−2.88)			−0.0002** (−2.07)					
T_value			−0.0003* (−1.70)		0.0004 (1.17)					
I_value				−0.0004* (−1.94)	−0.0001 (−0.22)					
M_values						−0.0007** (−2.23)				−0.0003 (−0.43)
C_values							−0.0009*** (−2.94)			−0.0015** (−2.30)
T_values								−0.0005 (−1.50)		0.0013* (1.83)
I_values									−0.0007** (−2.17)	−0.0003 (−0.59)
Inshd	−0.0031 (−1.33)	−0.0029 (−1.25)	−0.0033 (−1.43)	−0.0031 (−1.36)	−0.0026 (−1.11)	−0.0031 (−1.33)	−0.0029 (−1.24)	−0.0033 (−1.43)	−0.0032 (−1.37)	−0.0024 (−1.04)

续表

A 组：Delay1 作为价格延迟效应的代理变量										
	Delay1									
	模型 1	模型 2	模型 3	模型 4	模型 5	模型 6	模型 7	模型 8	模型 9	模型 10
ln(Emploee)	-0.0002 (-1.19)	-0.0001 (-0.96)	-0.0002 (-1.17)	-0.0002 (-1.21)	-0.0001 (-1.05)	-0.0002 (-1.18)	-0.0001 (-0.95)	-0.0002 (-1.20)	-0.0002 (-1.17)	-0.0001 (-1.09)
ln(Price)	0.0004 (0.75)	0.0005 (0.87)	0.0004 (0.75)	0.0005 (0.77)	0.0005 (0.84)	0.0004 (0.76)	0.0005 (0.88)	0.0004 (0.73)	0.0005 (0.79)	0.0005 (0.85)
Trading day	-0.0002*** (-9.45)	-0.0002*** (-9.37)	-0.0002*** (-9.41)	-0.0002*** (-9.38)	-0.0002*** (-9.35)	-0.0002*** (-9.44)	-0.0002*** (-9.36)	-0.0002*** (-9.40)	-0.0002*** (-9.39)	-0.0002*** (-9.38)
ln(Turnover)	-0.0010*** (-2.33)	-0.0009** (-2.18)	-0.0010*** (-2.38)	-0.0010** (-2.28)	-0.0010** (-2.22)	-0.0010** (-2.31)	-0.0009** (-2.16)	-0.0010*** (-2.40)	-0.0010** (-2.23)	-0.0010** (-2.22)
Liquidity	0.0240*** (7.79)	0.0239*** (7.75)	0.0241*** (7.81)	0.0241*** (7.80)	0.0238*** (7.70)	0.0241*** (7.80)	0.0239*** (7.77)	0.0241*** (7.82)	0.0240*** (7.79)	0.0237*** (7.68)
年度固定效应	YES	YES	YES	YES	YES	YES	YES	YES	YES	YES
行业固定效应	YES	YES	YES	YES	YES	YES	YES	YES	YES	YES
调整后的 R^2	0.11	0.11	0.11	0.11	0.11	0.11	0.11	0.11	0.11	0.11
观测值数量	2 706	2 706	2 706	2 706	2 706	2 706	2 706	2 706	2 706	2 706
B 组：Delay2 作为价格延迟效应的代理变量										
	Delay2									
	模型 1	模型 2	模型 3	模型 4	模型 5	模型 6	模型 7	模型 8	模型 9	模型 10
截距项	0.4764*** (4.02)	0.4635*** (3.89)	0.4867*** (4.09)	0.4635*** (3.85)	0.4720*** (3.92)	0.4555*** (3.79)	0.4372*** (3.62)	0.4836*** (4.00)	0.4522*** (3.73)	0.4640*** (3.81)

续表

B 组：Delay2 作为价格延迟效应的代理变量										
	Delay2									
	模型 1	模型 2	模型 3	模型 4	模型 5	模型 6	模型 7	模型 8	模型 9	模型 10
M_value	-0.0011 (-1.48)				-0.0016 (-0.97)					
C_value		-0.0011** (-1.96)			-0.0026** (-2.14)					
T_value			-0.0005 (-0.27)		0.0092*** (2.61)					
I_value				-0.0026 (-1.22)	-0.0002 (-0.08)					
M_values						-0.0053 (-1.62)				-0.0082 (-1.16)
C_values							-0.0071** (-2.18)			-0.0177*** (-2.52)
T_values								-0.0008 (-0.25)		0.0228*** (3.16)
I_values									-0.0051 (-1.41)	-0.0018 (-0.37)
Inshd	0.0206 (0.85)	0.0220 (0.91)	0.0190 (0.79)	0.0201 (0.83)	0.0286 (1.18)	0.0208 (0.86)	0.0224 (0.93)	0.0190 (0.79)	0.0200 (0.83)	0.0303 (1.25)
ln(Emploee)	0.0029** (2.07)	0.0031** (2.20)	0.0026* (1.89)	0.0028** (2.04)	0.0028** (1.96)	0.0029** (2.09)	0.0031** (2.24)	0.0026* (1.88)	0.0029** (2.07)	0.0028** (1.96)

续表

B 组：Delay2 作为价格延迟效应的代理变量										
	Delay2									
	模型 1	模型 2	模型 3	模型 4	模型 5	模型 6	模型 7	模型 8	模型 9	模型 10
ln(Price)	0.0386***	0.0391***	0.0381***	0.0386***	0.0386***	0.0387***	0.0392***	0.0381***	0.0387***	0.0387***
	(6.29)	(6.36)	(6.20)	(6.29)	(6.28)	(6.31)	(6.39)	(6.20)	(6.31)	(6.31)
Trading day	-0.0022***	-0.0022***	-0.0022***	-0.0022***	-0.0022***	-0.0022***	-0.0022***	-0.0002***	-0.0022***	-0.0023***
	(-11.32)	(-11.26)	(-11.31)	(-11.27)	(-11.30)	(-11.32)	(-11.25)	(-11.31)	(-11.28)	(-11.34)
ln(Turnover)	0.0012	0.0017	0.0003	0.0013	0.0010	0.0014	0.0019	0.0003	0.0015	0.0010
	(0.28)	(0.38)	(0.07)	(0.28)	(0.22)	(0.31)	(0.43)	(0.07)	(0.32)	(0.23)
Liquidity	0.1295***	0.1287***	0.1300***	0.1298***	0.1257***	0.1299***	0.1289***	0.1301***	0.1297***	0.1246***
	(4.02)	(3.99)	(4.03)	(4.03)	(3.90)	(4.03)	(4.00)	(4.03)	(4.02)	(3.87)
年度固定效应	YES	YES	YES	YES	YES	YES	YES	YES	YES	YES
行业固定效应	YES	YES	YES	YES	YES	YES	YES	YES	YES	YES
调整后的 R^2	0.24	0.24	0.24	0.24	0.24	0.24	0.24	0.24	0.24	0.25
观测值数量	2 706	2 706	2 706	2 706	2 706	2 706	2 706	2 706	2 706	2 706

注：表4-4报告了企业社会责任表现的四个维度对价格延迟效应影响的回归结果。A 组展示了当 Delay1 作为被解释变量的回归结果，B 组展示了当 Delay2 作为被解释变量的回归结果。四个 CSR 维度分别为：整体性维度（M_value）、内容性维度（C_value）、技术性维度（T_value）和行业指标维度（I_value）。各个维度的标准化形式分别为：标准化的整体性维度（M_values）、标准化内容性维度（C_values）、标准化技术性维度（T_values）和标准化行业指标维度（I_values）。Delay1 衡量的是股票价格对于市场信息的延迟反应程度，Delay2 是股票价格对于公司信息的延迟反应程度。Inshd 是机构投资者持股比例，ln(Employee) 是员工数量的自然对数，ln(Price) 是1年内平均日价格的自然对数，Trading day 是1年内总的交易天数，ln(Turnover) 是日换手率的自然对数，Liquidity 是 Amihud（2002）非流动性指标。每个变量的具体定义详见表4-9。括号中报告的是标准误差基于时间和行业固定效应的 t 统计量。***、**、* 分别表示该系数在1%、5%和10%的置信水平上呈现统计性显著。

Delay2 是被解释变量时，CSR（CSRs）的系数估计值分别为 -0.0001，t = -2.80（-0.0008，t = -2.79）和 -0.0004，t = -1.89（-0.0059，t = -2.00），均在 10% 或以上的置信水平下显著。以上结果表明，处于考虑利益相关者的利益和为了实现和利益相关者的有效沟通，中国的非国有企业倾向于自愿参与企业社会责任活动，从而提高其信息透明度和股价效率。控制变量的系数与表 4-3 中的结果基本保持一致。但是，我们没有在表 4-5 的 A 组中观察到关于国有企业的有力证据。

表 4-5　　国有企业和非国有企业子样本的回归结果

A 组：国有企业的回归结果				
	Delay1		Delay2	
	模型 1	模型 2	模型 3	模型 4
截距项	0.0401 (1.57)	0.0351 (1.37)	0.3097 (1.05)	0.3022 (1.02)
CSR	-0.0001 (-1.57)		-0.0001 (-0.13)	
CSRs		-0.0013 (-1.64)		-0.0020 (-0.22)
Inshd	-0.0034 (-1.06)	-0.0034 (-1.04)	-0.0176 (-0.47)	-0.0173 (-0.46)
ln(Employee)	0.0003 (1.06)	0.0003 (1.08)	0.0056 ** (1.98)	0.0056 ** (1.99)
ln(Price)	0.0005 (0.41)	0.0005 (0.42)	0.0527 *** (3.52)	0.0527 *** (3.52)
Trading day	0.0000 (-0.89)	0.0000 (-0.89)	-0.0024 *** (-4.70)	-0.0024 *** (-4.70)
ln(Turnover)	-0.0009 (-0.94)	-0.0009 (-0.91)	0.0093 (0.85)	0.0094 (0.86)
Liquidity	0.0451 *** (6.24)	0.0452 *** (6.26)	0.2980 *** (3.56)	0.2975 *** (3.56)
年度固定效应	YES	YES	YES	YES
行业固定效应	YES	YES	YES	YES
调整后的 R^2	0.14	0.14	0.20	0.20
观测值数量	547	547	547	547

续表

B组：非国有企业的回归结果				
	Delay1		Delay2	
	模型1	模型2	模型3	模型4
截距项	0.0841*** (7.48)	0.0811*** (7.09)	0.5329*** (4.83)	0.5100*** (4.55)
CSR	-0.0001*** (-2.80)		-0.0004* (-1.89)	
CSRs		-0.0008*** (-2.79)		-0.0059** (-2.00)
Inshd	-0.0013 (-0.48)	-0.0013 (-0.48)	0.0531** (2.01)	0.0532** (2.01)
ln(Employee)	-0.0002 (-1.21)	-0.0002 (-1.21)	0.0015 (1.17)	0.0015 (1.19)
ln(Price)	0.0009* (1.65)	0.0009* (1.65)	0.0462*** (8.39)	0.0463*** (8.40)
Trading day	-0.0002*** (-9.77)	-0.0002*** (-9.77)	-0.0021*** (-10.92)	-0.0021*** (-10.92)
ln(Turnover)	-0.0013*** (-3.06)	-0.0013*** (-3.05)	-0.0031 (-0.74)	-0.0029 (-0.70)
Liquidity	0.0213*** (6.49)	0.0213*** (6.51)	0.1016*** (3.16)	0.1020*** (3.18)
年度固定效应	YES	YES	YES	YES
行业固定效应	YES	YES	YES	YES
调整后的 R^2	0.11	0.11	0.26	0.26
观测值数量	2 998	2 998	2 998	2 998

注：A组展示的是国有企业的回归结果；B组展示的是非国有企业的回归结果。其中，国有企业子样本共包括547个公司年度观测值，非国有企业包括2 998个公司年度观测值。Delay1衡量的是股票价格对于市场信息的延迟反应程度；Delay2是股票价格对于公司信息的延迟反应程度。CSR是原始企业社会责任表现评级得分；CSRs是标准化的CSR评级得分。Inshd是机构投资者持股比例；ln(Employee)是员工数量的自然对数，ln(Price)是1年内平均日价格的自然对数；Trading day是1年内总的交易天数；ln(Turnover)是日换手率的自然对数；Liquidity是Amihud(2002)非流动性指标。每个变量的具体定义详见表4-9。括号中报告的是标准误差基于时间和行业固定效应的t统计量。***、**、*分别表示该系数在1%、5%和10%的置信水平上呈现统计性显著。

三、两阶段回归结果

已有研究已确定了公司参与企业社会责任活动存在较为严重的内生性问题（Cui et al., 2016；Ioannou and Serafeim, 2015；Jo and Harjoto, 2011, 2012）。我们使用工具变量来缓解内生性问题，以进一步检验和提炼出企业社会责任表现对股价延迟效应的影响。具体地，我们采用以下两阶段最小二乘法（2SLS）进行回归。

第一阶段：

$$CSR_{i,t} = \vartheta_0 + \vartheta_1 \Delta CSR_{i,t-1} + \vartheta_2 \Delta CSR_{i,t-2} + \vartheta_3 Industry\_CSR_{i,t} + \sum \vartheta_{i,t} CONTROL_{i,t} + \varepsilon_{i,t} \quad (4.4)$$

第二阶段：

$$Delay_{i,t} = \omega_0 + \omega_1 \widehat{CSR_{i,t}} + \sum \omega_{i,t} CONTROL_{i,t} + \mu_{i,t} \quad (4.5)$$

在2SLS回归模型的第一阶段，我们把滞后一期的CSR评分差异（$\Delta CSR_{i,t-1}$）和滞后两期CSR评分差异（$\Delta CSR_{i,t-2}$）以及行业CSR中位数（$Industry\_CSR_{i,t}$）作为工具变量。选取前两个变量作为工具变量的原因如下：我们认为CSR滞后一期或两期的变化之差与当期的CSR之间具有天然的相关关系，而不太可能与当期的股价延迟效应有直接关系。此外，我们还认为如果一个行业的平均CSR值较高，那么该行业中公司的CSR也会较高，而行业层面的平均CSR与行业中某一特定公司的当期股价延迟效应没有直接关联。在第二阶段，我们使用第一阶段CSR表现的拟合值来估计第二阶段的回归。

表4-6展示了使用回归方程（4.4）和方程（4.5）获得的2SLS估计结果。首先，从第一阶段的回归结果中，我们发现当期CSR评分（标准化CSR）与滞后一期和两期的CSR评分差异（标准化CSR差异）呈显著负相关，但与行业CSR中位数（行业标准化CSR中位数）正相关却不显著。表4-6中A组报告的全样本的回归结果，通过第一阶段回归得出的CSR拟合值与股票价格延迟效应之间存在显著负相关关系。当Delay1和Delay2分别作为被解释变量时，CSR_{2sls}（$CSRs_{2sls}$）的估计系数分别为-0.0001，t=-1.84（-0.0016，t=-2.91）和-0.0015，t=-1.77（-0.0242，t=-2.63）。所有控制变量的估

计系数与表4-3中所示的估计系数基本是一致的。从B和C组展示的估计结果中，我们发现当我们将总样本分成国有企业和非国有企业子样本来考虑内生性问题时，表4-5的结果仍然成立，即企业社会责任表现对价格延迟效应的负向显著关系仅在非国有企业的子样本中存在。

综上所述，以上结果支持了我们的假设4-1和假设4-2。

表4-6　　2SLS回归结果

A组：全样本2SLS回归结果						
	第一阶段：CSR	第一阶段：CSRs	第二阶段：Delay1		第二阶段：Delay2	
	模型1	模型2	模型3	模型4	模型5	模型6
截距项	-74.5348*** (-3.20)	-7.2268*** (-11.22)	0.0777*** (7.03)	0.5440*** (4.64)	0.0636*** (4.44)	0.3239** (2.13)
ΔCSR_{t-1}	-0.5649*** (-11.92)					
ΔCSR_{t-2}	-0.5212*** (-12.49)					
Industry(CSR)	0.5597 (1.10)					
$\Delta CSRs_{t-1}$		-0.6154*** (-12.65)				
$\Delta CSRs_{t-2}$		-0.4691*** (-11.05)				
Industry(CSRs)		0.1540 (0.30)				
CSR_{2sls}			-0.0001* (-1.84)		-0.0015* (-1.77)	
$CSRs_{2sls}$				-0.0016*** (-2.91)		-0.0242*** (-2.63)
Inshd	3.5443* (1.85)	0.2765* (1.82)	-0.0019 (-0.79)	0.0495* (1.90)	-0.0016 (-0.65)	0.0534** (2.02)
ln(Employee)	0.9113*** (8.80)	0.0728*** (8.90)	0.0000 (-0.30)	0.0027* (1.86)	0.0001 (0.47)	0.0044*** (2.77)

续表

A 组：全样本 2SLS 回归结果						
	第一阶段：CSR	第一阶段：CSRs	第二阶段：Delay1		第二阶段：Delay2	
	模型 1	模型 2	模型 3	模型 4	模型 5	模型 6
ln(Price)	1.8953 *** (4.06)	0.1501 *** (4.07)	0.0008 (1.23)	0.0324 *** (4.98)	0.0010 (1.48)	0.0354 *** (5.18)
Trading day	0.0036 (0.38)	0.0002 (0.29)	-0.0002 *** (-9.49)	-0.0023 *** (-10.79)	-0.0002 *** (-9.47)	-0.0023 *** (-10.76)
ln(Turnover)	3.4910 *** (10.65)	0.2777 *** (10.70)	-0.0010 *** (-2.39)	0.0023 (0.52)	-0.0006 (-1.20)	0.0080 (1.40)
Liquidity	-3.7374 (-1.58)	-0.2891 (-1.55)	0.0229 *** (6.72)	0.1430 *** (3.96)	0.0223 *** (6.57)	0.1340 *** (3.71)
年度固定效应	YES	YES	YES	YES	YES	YES
行业固定效应	YES	YES	YES	YES	YES	YES
调整后的 R^2	0.35	0.32	0.11	0.23	0.11	0.23
观测值数量	2 235	2 235	2 162	2 162	2 162	2 162

B 组：国有企业 2SLS 回归结果						
	第一阶段：CSR	第一阶段：CSRs	第二阶段：Delay1		第二阶段：Delay2	
	模型 1	模型 2	模型 3	模型 4	模型 5	模型 6
截距项	80.8690 (1.52)	-1.8496 (-1.37)	0.0120 (0.45)	0.0098 (0.36)	0.2232 (0.63)	0.2133 (0.60)
ΔCSR_{t-1}	-0.7067 (-6.95) ***					
ΔCSR_{t-2}	-0.5455 *** (-5.89)					
Industry_CSR	-1.4096 (-1.26)					
$\Delta CSRs_{t-1}$		-0.7398 *** (-7.01)				
$\Delta CSRs_{t-2}$		-0.5477 *** (-5.86)				
Industry_CSRs		-0.0235 (-0.02)				

续表

B组：国有企业2SLS回归结果						
	第一阶段：CSR	第一阶段：CSRs	第二阶段：Delay1		第二阶段：Delay2	
	模型1	模型2	模型3	模型4	模型5	模型6
CSR			0.0000 (-0.58)		-0.0002 (-0.17)	
CSRs				-0.0006 (-0.66)		-0.0028 (-0.23)
Inshd	3.8718 (1.41)	0.3113 (1.44)	-0.0008 (-0.20)	-0.0007 (-0.19)	-0.0017 (-0.03)	-0.0013 (-0.03)
ln(Employee)	0.7968*** (3.99)	0.0626*** (3.99)	0.0004 (1.37)	0.0004 (1.39)	0.0071* (1.85)	0.0071* (1.87)
ln(Price)	-0.4692 (-0.47)	-0.0304 (-0.38)	0.0017 (1.19)	0.0017 (1.19)	0.0421** (2.23)	0.0422** (2.23)
Trading day	-0.0036 (-0.19)	-0.0001 (-0.09)	-0.0001 (-1.16)	-0.0001 (-1.15)	-0.0020*** (-3.21)	-0.0020*** (-3.21)
ln(Turnover)	0.6732 (0.96)	0.0613 (1.11)	0.0000 (0.02)	0.0000 (0.03)	0.0078 (0.59)	0.0079 (0.60)
Liquidity	-13.2431*** (-2.63)	-0.9931*** (-2.51)	0.0560*** (7.71)	0.0560*** (7.72)	0.3681*** (3.84)	0.3676*** (3.84)
年度固定效应	YES	YES	YES	YES	YES	YES
行业固定效应	YES	YES	YES	YES	YES	YES
调整后的 R^2	0.56	0.54	0.23	0.23	0.20	0.20
观测值数量	330	330	314	314	314	314

C组：非国有企业2SLS回归结果						
	第一阶段：CSR	第一阶段：CSRs	第二阶段：Delay1		第二阶段：Delay2	
	模型1	模型2	模型3	模型4	模型5	模型6
截距项	-98.9615*** (-3.88)	-8.0780*** (-11.29)	0.0786*** (5.94)	0.0755*** (5.60)	0.4576*** (3.36)	0.4206*** (3.03)
ΔCSR_{t-1}	-0.5476*** (-10.48)					

续表

C 组：非国有企业 2SLS 回归结果						
	第一阶段：CSR	第一阶段：CSRs	第二阶段：Delay1		第二阶段：Delay2	
	模型 1	模型 2	模型 3	模型 4	模型 5	模型 6
ΔCSR_{t-2}	-0.5182*** (-11.29)					
Industry_CSR	0.8836 (1.58)					
$\Delta CSRs_{t-1}$		-0.5958*** (-11.13)				
$\Delta CSRs_{t-2}$		-0.4556*** (-9.74)				
Industry_CSRs		0.2894 (0.52)				
CSR			-0.0001** (-2.32)		-0.0005* (-1.68)	
CSRs				-0.0008*** (-2.38)		-0.0064* (-1.74)
Inshd	4.4662* (1.85)	0.3440* (1.81)	-0.0015 (-0.48)	-0.0015 (-0.48)	0.0798*** (2.53)	0.0855*** (2.69)
ln(Employee)	0.9662*** (8.15)	0.0780*** (8.34)	-0.0001 (-0.51)	-0.0001 (-0.49)	0.0020 (1.28)	0.0020 (1.27)
ln(Price)	2.2688*** (4.39)	0.1792*** (4.37)	0.0009 (1.25)	0.0009 (1.26)	0.0336*** (4.78)	0.0329*** (4.68)
Trading day	0.0143 (1.28)	0.0011 (1.22)	-0.0002*** (-9.28)	-0.0002*** (-9.28)	-0.0022*** (-10.05)	-0.0022*** (-10.02)
ln(Turnover)	3.7956*** (10.44)	0.3021*** (10.49)	-0.0010* (-1.93)	-0.0010* (-1.90)	0.0037 (0.72)	0.0034 (0.65)
Liquidity	-2.2493 (-0.86)	-0.1759 (-0.85)	0.0168*** (4.37)	0.0168*** (4.38)	0.1033*** (2.62)	0.1030*** (2.61)
年度固定效应	YES	YES	YES	YES	YES	YES
行业固定效应	YES	YES	YES	YES	YES	YES

续表

C 组：非国有企业 2SLS 回归结果						
	第一阶段：CSR	第一阶段：CSRs	第二阶段：Delay1		第二阶段：Delay2	
	模型 1	模型 2	模型 3	模型 4	模型 5	模型 6
调整后的 R^2	0. 34	0. 31	0. 11	0. 11	0. 24	0. 25
观测值数量	1 900	1 900	1 847	1 847	1 847	1 847

注：A 组展示的是全样本 2SLS 的回归结果；B 组展示的是国有企业子样本的 2SLS 回归结果；C 组展示的是非国有企业子样本的 2SLS 回归结果。第一阶段的工具变量包括滞后一期的 CSR 评分差异（CSR 标准化差异），ΔCSR_{t-1}（$\Delta CSRs_{t-1}$），滞后两期的 CSR 评分差异（CSR 标准化差异），ΔCSR_{t-2}（$\Delta CSRs_{t-2}$），以及行业 CSR（CSR 标准化）中位数，Industry_CSR（Industry_CSRs）。$\widehat{CSR_{t,s}}$是从第一阶段估计出来的 CSR 拟合值。Delay1 衡量的是股票价格对于市场信息的延迟反应程度，Delay2 是股票价格对于公司信息的延迟反应程度。CSR 是原始企业社会责任表现评级得分，CSRs 是标准化的 CSR 评级得分。Inshd 是机构投资者持股比例，ln(Employee) 是员工数量的自然对数，ln(Price) 是 1 年内平均日价格的自然对数，Trading day 是 1 年内总的交易天数，ln(Turnover) 是日换手率的自然对数，Liquidity 是 Amihud（2002）非流动性指标。每个变量的具体定义详见表 4－9。括号中报告的是标准误差基于时间和行业固定效应的 t 统计量。***、**、* 分别表示该系数在 1%、5% 和 10% 的置信水平上呈现统计性显著。

四、价格延迟效应的未来收益溢价

在本节中，我们通过 CSR 来构造价格延迟效应并进一步检验其对股票未来收益的影响。根据侯恪惟和马科维茨（2005）、卡伦等（2013）的观点，我们计算每个公司年度的与 CSR 相关的价格延迟效应成分，即$\widehat{Delay_CSR}$，来自回归方程（4. 3）中由 CSR 估计出来的股价延迟效应的拟合值，而与 CSR 无关的价格延迟效应部分，即 Delay_nonCSR，是 Delay 值和$\widehat{Delay_CSR}$之间的剩余之差。我们通过回归方程（4. 6）来估计由 CSR 决定的股价延迟部分对股票未来收益的预测能力：

$$
\begin{aligned}
Ret_{i,t+1} = {} & N_0 N_1 \widehat{Delay\_CSR}_{i,t} + N_2 \widehat{Delay\_nonCSR}_{i,t} + N_3 Beta_{i,t} + N_4 SIZE_{i,t} + N_5 BM_{i,t} \\
& + N_6 Ret(-1)_{i,t} + N_7 Ret(-12, -2)_{i,t} + N_9 Ret(-36, -12)_{i,t} \\
& + Fixed\ Eff + \varepsilon_{i,t}
\end{aligned}
\tag{4.6}
$$

其中，$Ret_{i,t+1}$是下一年股票的超出无风险利率的收益率；Beta 是 CAPM 贝塔系数，这是从过去 60 个月某一特定公司的时间序列回归中估算出来的。Size 是权益的市场价值（单位：10 亿人民币），BM 是股票账面价值与市场价值的比率，Ret(-1)，Ret(-12， -2) 和 Ret(-36， -12) 分别是过去 1 个月的股票收益率、过去 1 年的累计股票月收益率（跳过最近一个月）和过去 3 年的累计股票月收益率（跳过最近 1 年）。

表 4 -7 的模型 1 展示了总的股价延迟效应对未来收益率的预测结果，其解释变量为股票价格对市场新闻的延迟响应（Delay1）。我们发现 Delay1 的估计系数为 0.2749，t =6.03，表明较强的价格延迟效应预示着未来较高的收益率溢价。在模型 2 中，我们将价格延迟效应分解为与 CSR 相关的部分和与 CSR 无关的剩余部分，CSR 以原始 CSR 评级分数来度量。Delay1_CSR(1.2325，t = 3.21) 和 Delay1_nonCSR(0.2629，t =5.74) 的估计系数均显著为正。这表明具有较强的与 CSR 相关的价格延迟效应的企业，其股票往往具有较高的未来收益率。此外，通过变动价格延迟效应每个部分一单位的标准差，我们发现 Delay1_CSR 预测收益溢价的边际效应占 Delay1_CSR 和 Delay1_nonCSR 预测收益溢价总和的 82%。这表明 82% 的价格延迟效应的未来收益溢价来源于较差的企业社会责任表现。在模型 3 中，我们使用标准化的 CSR 评级分数，即 CSRs，作为企业社会责任表现的替代变量，以进一步检验价格延迟效应对未来收益的预测能力。我们发现 Delay1_CSRs 和 Delay1_nonCSRs 的估计系数均为正，且在 1% 的置信水平下显著。这进一步证实了我们在模型 2 中的发现。

此外，我们使用 Delay2 重新估计对方程（4.6）进行回归估计，Delay2 测量的是股票价格对公司层面特定新闻的延迟反应程度。如模型 4 所示，Delay2 的估计系数显著为正。通过 CSR 或 CSRs 测量的与 CSR 相关的价格延迟拟合成分对股票的未来收益具有显著且正向的预测能力。这进一步证实了，具有较高的与 CSR 相关的股票价格延迟成分的企业，其股票未来具有更高的收益率。在表 4 -7 中，我们还发现 Beta 和 Size 的估计系数为正，但 BM 的估计系数为负。关于衡量过去收益的所有变量都与未来收益呈现显著的负相关关系，表明短期和长期的反转效应在中国股票市场上均存在。

综上所述，表 4 -7 的结果表明，具有较高的与 CSR 相关的股票价格延迟成分的企业，其股票的未来收益也会更高[①]。这一发现支持了我们的假设 4 -3。

① 我们还采用 Fama - MacBeth（1973）回归来估计股价延迟效应的各个成分对未来收益的预测能力，同时，使用 Newey - West（1987）的方法调整 t 统计量。我们的结果依然成立。

表 4-7 价格延迟效应的收益率预测结果

Monthly return（Ret_{t+1}）							
	模型 1	模型 2	模型 3		模型 4	模型 5	模型 6
截距项	-0.0088** (-2.14)	-0.0143*** (-3.08)	-0.0147*** (-3.17)	截距项	-0.0102*** (-2.38)	-0.4007*** (-2.94)	-0.0430*** (-3.73)
Delay1	0.2749*** (6.03)			Delay2	0.0228*** (4.51)		
Delay1_CSR		1.2325*** (3.21)		Delay2_CSR		2.4171*** (2.89)	
Delay1_nonCSR		0.2629*** (5.74)		Delay2_nonCSR		0.0220*** (4.33)	
Delay1_CSRs			1.2001*** (3.50)	Delay2_CSRs			0.2331*** (3.39)
Delay1_nonCSRs			0.2621*** (5.72)	Delay2_nonCSRs			0.0219*** (4.32)
Beta	0.0009 (0.48)	0.0004 (0.19)	0.0004 (0.18)	Beta	0.0025 (1.15)	0.0018 (0.85)	0.0018 (0.84)
SIZE	0.0011** (2.04)	0.0011** (2.05)	0.0011** (2.05)	SIZE	0.0009* (1.77)	0.0010* (1.81)	0.0010* (1.80)
BM	-0.0016 (-1.08)	-0.0011 (-0.68)	-0.0010 (-0.66)	BM	-0.0019 (-1.27)	-0.0012 (-0.80)	-0.0012 (-0.78)

续表

Monthly return（Ret_{t+1}）							
	模型 1	模型 2	模型 3		模型 4	模型 5	模型 6
Ret(-1)	-0.0282*** (-5.75)	-0.0283*** (-5.77)	-0.0283*** (-5.78)	Ret(-1)	-0.0279*** (-5.69)	-0.0280*** (-5.72)	-0.0280*** (-5.72)
Ret(-12, -2)	-0.0477*** (-32.88)	-0.0476*** (-32.85)	-0.0477*** (-32.86)	Ret(-12, -2)	-0.0478*** (-32.80)	-0.0477*** (-32.78)	-0.0477*** (-32.78)
Ret(-36, -13)	-0.0059*** (-8.37)	-0.0059*** (-8.34)	-0.0059*** (-8.34)	Ret(-36, -13)	-0.0060*** (-8.47)	-0.0059*** (-8.44)	-0.0059*** (-8.44)
年度固定效应	YES	YES	YES	年度固定效应	YES	YES	YES
行业固定效应	YES	YES	YES	行业固定效应	YES	YES	YES
调整后的 R^2	0.05	0.05	0.05	调整后的 R^2	0.05	0.05	0.05
观测值数量	41 716	41 716	41 716	观测值数量	41 716	41 716	41 716

注：表 4-7 报告了价格延迟效应对股票未来收益率的预测能力结果。Delay1 衡量的是股票价格对于市场信息的延迟反应程度；Delay2 是股票价格对于公司信息的延迟反应程度。Delay1_CSR(s) 和 Delay2_CSR(s) 是与 CSR 相关的股价延迟效应部分，是由企业社会责任表现估计出来的 Delay1 和 Delay2 的拟合值。Delay_nonCSR(s) 是与 CSR 无关的股价延迟效应部分，Delay1_nonCSR(s) = CSR(s) - Delay1_CSR(s)，Delay2_nonCSR(s) = CSR(s) - Delay2_CSR(s)。Beta 是 CAPM beta，这是从过去 60 个月某一特定公司的时间序列回归中估算出来的。Size 是权益的市场价值（单位：10 亿人民币），BM 是股票账面价值与市场价值的比率，Ret(-1)，Ret(-12, -2) 和 Ret(-36, -12) 分别是过去 1 个月的股票收益率、过去 1 年的累计股票月收益率（跳过最近 1 个月）和过去 3 年的累计股票月收益率（跳过最近 1 年）。每个变量的具体衡量详见表 4-9。括号中报告的是标准误差基于时间和行业固定效应的 t 统计量。***、**、* 分别表示该系数在 1%、5% 和 10% 的置信水平上呈现统计性显著。

五、样本外检验

尽管我们已经证实了在整个样本期间，控制了其他相关变量之后，与 CSR 相关的股价延迟成分仍对所有样本股票的未来收益具有预测能力，但是已有文献提出，“样本之内的可预测性”并不意味着预测变量在样本外也是一个有用的预测因子（Næs et al.，2011）。因此，我们在本部分中检验与 CSR 相关的股票延迟成分是否能够预测样本外的股票未来收益。

我们在样本外分析中采用滚动估计回归方法。具体而言，我们使用 60 个月的滚动窗口进行估计回归，得到相关估计系数以预测未来一期（t+1）的收益率。为了评估与 CSR 相关的股价延迟成分的预测准确性，我们首先构建了两个模型，一个是包括方程（4.6）中的所有控制变量进行未来收益预测的综合限制性模型；另一个是在综合限制性模型的基础上加入与 CSR 相关的股价延迟成分的变量进行未来收益预测的非限制性模型。通过对比以上两个回归模型的预测结果，来判断与 CSR 相关的股价延迟成分是否可以有效准确地对样本外股票的未来收益率进行预测。我们采用两个统计方法：Diebold－Mariano（DM）检验（Diebold and Mariano，1995）和改进的 Diebold－Mariano（MDM）检验（Harvey et al.，1998）来评估与 CSR 相关的股价延迟成分的样本外预测精准度（Næs et al.，2011；Pham et al.，2017）。

如表 4－8 所示，当我们预测样本外的未来一周的股票收益时，DM 统计量

表 4－8　　　　样本外收益率预测结果

A 组：DM 检验						
非限制性模型	限制性模型	月度收益率				
		t+1	t+2	t+3	t+4	t+5
Delay1_CSR，CV	CV	2.9488***	2.7673***	2.5964***	2.2375**	2.2073**
Delay2_CSR，CV	CV	3.2394***	3.2896***	2.6542***	3.4310***	3.7045***
Delay1_CSRs，CV	CV	4.0639***	4.3149***	3.9943***	3.7148***	4.2946***
Delay2_CSRs，CV	CV	6.7059***	5.5460***	5.0655***	5.4236***	6.0669***

续表

B组：DMD 检验						
非限制性模型	限制性模型	月度收益率				
		t+1	t+2	t+3	t+4	t+5
Delay1_CSR，CV	CV	2.9488***	2.7140***	2.4963***	2.1090**	2.0409**
Delay2_CSR，CV	CV	3.2394***	3.2262***	2.5519***	3.2340***	3.4251***
Delay1_CSRs，CV	CV	4.0639***	4.2317***	3.8403***	3.5014***	3.9707***
Delay2_CSRs，CV	CV	6.7059***	5.4391***	4.8702***	5.1121***	5.6094***

注：表4-8报告了样本外收益率预测的回归结果。我们对比了只包含所有控制变量的综合限制性模型和在综合限制性模型上加入与CSR相关的delay成分的非限制性模型的预测能力。我们使用60个月的滚动回归法来进行样本外回归，并预测未来n期（n=1，2，3，4，5）的收益率。第一列展示的是非限制性模型包含的变量，第二列展示的是限制性模型包含的变量。A组报告了DM检验的结果；B组报告了MDM检验的结果。Delay1_CSR(s) 和 Delay2_CSR(s) 是与CSR相关的股价延迟效应部分。CV代表回归方程（4.6）中的所有控制变量。***和**分别表示该系数在1%和5%的置信水平上呈现统计性显著。

均在1%的置信水平上具有统计显著性，这表明将Delay_CSR添加到综合限制模型后，可以提升模型的预测能力。此外，我们将预测时间段扩展至未来两期（t+2）、未来三期（t+3）、未来四期（t+4）和未来五期（t+5），我们发现所有的结果都与未来一期的预测准确度结果保持一致。以上结果为与CSR相关的延迟部分可提高未来收益的预测准确性这一观点提供了强有力的支持。

第六节 结　　语

在本书中，我们研究了中国股票市场中企业社会责任绩效与股价延迟效应之间的关系。我们发现，首先，具有较高企业社会责任评级的公司往往具有较低程度的股价延迟效应。这种负向关系对于非国有企业来说尤其强烈。其次，我们提供了样本内和样本外的实证证据，表明股价延迟效应较强的公司，尤其是企业社会责任表现不佳的公司，预计其股票在未来会有更高的收益率。最后，我们的结果还为以下观点提供了强有力的支持，即将与 CSR 相关的股价延迟部分添加到预测模型中可以提高模型的预测准确性。

我们的结果表明，关注一般利益相关者利益的公司，更有可能拥有较高的信息透明度和较强的企业道德。这些均会进一步提升其股票在投资者中的认知度，降低其股票流动性风险，这两者也是衡量股票价格效率的指标。特别需要说明的是，中国国有企业应该参与符合所有利益相关者利益而不只是为了满足政治需求的企业社会责任活动，这有助于其股票的准确定价。此外，关于股价延迟效应对股票未来收益的可预测性主要归因于企业社会责任表现成分，并且与 CSR 相关的股价延迟部分具有卓越的预测未来收益率的能力。我们推断企业社会责任报告在提高中国股票市场效率方面发挥着重要作用，它也是中国经济转型成功的有效指标之一。我们认为在中国股市背景下获得的实证结果对其他新兴国家也会有重要的借鉴意义。

这些结果对未来的研究具有一定的指示意义。我们可以分析每个具体的 CSR 细部项目如何影响“信息—价格”这一过程。此外，我们可以研究哪些行业对企业社会责任评级与股票价格延迟之间的负相关性更为敏感。

本章主要变量的描述如表 4 – 9 所示。

表 4 – 9　　　　　　　　　　主要变量描述

变量	定义
Delay1	股票价格对于市场组合信息的延迟反应程度（Hou and Moskowitz，2005）
Delay2	股票价格对于公司层面信息的延迟反应程度（Callen et al.，2013）
公司特征	
CSR	润灵 CSR 评级得分，最高取值 100，最低取值 1 分
CSRs	标准化的 CSR 评级得分，该公司的 CSR 评级得分与其行业 CSR 平均得分之差与行业内 CSR 标准方差的比例（Pan et al.，2015）
CSR_C	CSR 内容性评级得分
CSR_I	CSR 行业指数评级得分
CSR_M	CSR 整体性评级得分
CSR_T	CSR 技术性评级得分
Beta	CAPM 的 beta 系数，根据过去 60 个月的收益进行回归得到
Size	权益的市场价值（10 亿人民币为单位）

续表

变量	定义
BM	权益的账面市值比
r_j	股票的收益率
R_m	价值加权市场组合的周收益率
$Ret_{i,t+1}$	股票未来一年的风险溢价收益率
Ret(-1)	股票在过去一个月的收益率
Ret(-12， -2)	股票过去一年的累积月收益率（跳过最近一个月）
Ret(-36， -12)	股票过去三年的累积月收益率（跳过最近一年）
代理成本	
INSHD	机构投资者持股比例（%）= 基金经理持股比例 + QFII 持股比例 + 券商持股比例 + 保险公司持股比例 + 证券基金持股比例 + 信托持股比例 + 金融公司持股比例 + 银行持股比例
Employee	员工数量
Price	一年中平均日股票价格
Trading day	交易日天数
Turnover	交易换手率
Liquidity	Amihud（2002）非流动性指标［平均日收益率的绝对值与日交易量（美元）的比率 ×100 000］

第五章 管理者能力对能源行业企业社会责任实施效果的影响

可持续发展问题在能源行业的发展中显得尤为重要，因此，本章主要研究管理者能力在能源行业企业社会责任表现和企业绩效之间的关系中的作用。首先，研究的初步结果确定了企业社会责任表现与企业价值之间在能源行业具有正相关关系。其次，在考虑了管理者能力时，企业社会责任表现对于能源行业企业价值的正向显著作用减弱。进而，研究发现只有由管理者能力解释的企业社会责任表现才能提高能源企业的价值。最后，结果表明具有超强能力的管理者仍然可以在能源危机期间，有效地实施并参与社会责任活动以提升能源公司的企业价值。综上所述，研究结果表明较高的管理者能力是实现企业社会责任对于公司价值正向作用的关键所在，特别是在能源行业的不稳定时期。

第一节　引　　言

现有文献针对企业社会责任绩效是否可以提高公司价值这一议题尚未有一致性结论，因此，该问题依然是学术界和实业界重点关注的话题之一。较早的研究如弗里德曼（1970）指出企业社会责任表现对公司价值具有负面影响，而近些年来，更多的学者发现企业社会责任绩效与公司价值之间具有正向关系（Carmeli et al.，2007；Waheed and Yang，2019）。总体来讲，以上研究之所以没有得出一致的结论可以归因于以下两个方面。一方面关于企业社会责任绩效和公司价值这一议题的已有研究主要集中在全行业的样本，但是，不同行业对于企业社会责任的披露要求和准则不尽相同（Lo and Shen，2007；Patari et al.，2014）；另一方面，更有学者指出这一议题之所以没有得出一致结果，主要是因为企业社会责任绩效和公司价值之间存在遗漏的间接影响变量。

为了解决第一方面问题，本章重点关注一个特定的行业重新研究这一议题，因为在该行业中所有的公司必须遵循行业标准化的企业社会责任规则和要求。由于能源行业运营性质的特殊性，其在可持续发展中起到了至关重要的作用，因此能源公司参与企业社会责任活动受到来自社会、媒体、投资者和政府的广泛关注。在此背景下，能源公司的首要目标是提供对环境和社会影响最小的能源资源（Patari et al.，2014）。因此，能源公司需要实现盈利和承担社会责任的双赢，这就要求它们在企业社会责任中付出更多努力。但是，企业社会责任活动的投资引发了能源价格的上涨，使得能源公司有较丰富的现金流，同时可能引起财务困境，甚至会有损公司价值（Nazlioglu et al.，2015；Zhang et al.，2016；Rentschler and Kornejew，2017）。这就与公司投资企业社会责任的首要目标——公司长期价值最大化相冲突。基于此，研究企业社会责任表现如何以及在多大程度上影响能源公司的价值就显得尤为重要。

尽管如此，已有文献较少有针对能源行业在企业社会责任绩效和公司价值这一议题的研究。与已有的三篇实证研究相比，本章的研究选取的能源公司样本数量较大且样本时间跨度较长。同时，本章的样本设置集中在能源行业，可以很好地解决第一类问题。

已有研究表明，能源公司对于企业社会责任活动的投资提高了绿色能源的价格成本，但是，较低的人均收入水平不足以支付高额的能源价格（Streimikiene et al.，2009；Patari et al.，2014），这与能源公司追求进一步提升公司价值的目标相悖。因此，对于能源公司来说，新的挑战已经变为如何平衡投资企业社会责任活动所带来的经济效益和成本的同时增加。具有较高管理者能力（managerial ability，MA）的首席执行官（CEO）由于不用担忧其自身的职业发展问题，因此，已有研究认为此类具有较高管理者能力的高管可以充分选择最优的企业社会责任策略并通过实施该策略获得执行企业社会责任活动所带来的经济好处（Yuan et al.，2017）。同时，较高的管理者能力对于外部投资者来说是一种高公司价值的保障，进而可以降低内外部投资者之间的信息不对称问题，最终使公司取得相对较低的资本成本（Chemmanur and Paeglis，2005；Andreou et al.，2017）。

为了解决第二方面问题，本章提出 CEO 的管理者能力是一个在讨论企业社会责任和公司价值这一议题时被忽略的重要变量。为了检验这一推论，本章采用了由德默坚等（Demerjian et al.，2012）提出的管理者能力的衡量方法。这一方法可以更加准确地衡量出相对于同行业的公司来讲，该公司的管理者有效使用公司现有资源并转换为收入的效率。同时，这一方法也能更加精准地提炼出管理者层面对于公司效率的影响特点。已有文献一致认为德默坚等（2012）提出的 MA 分数可以更好地衡量出管理者能力（Koester et al.，2017；Lee et al.，2018）。

通过研究美国能源上市公司这一较大样本在 1992 ~ 2013 年的公司运营情况，

本章的初步结果显示企业社会责任表现可以显著地提升公司价值。但是，当模型中考虑了 MA 这一变量，CSR 系数在统计上不再显著，而 MA 系数依然是显著为正。这一结果说明了 MA 是一个被以往研究企业社会责任和公司价值这一关系的文献所忽略的关键影响因子。

为了进一步研究 MA 从多大程度上影响了企业社会责任和公司价值的关系，本章把 CSR 分为两个部分：MA 解释的 CSR 部分和非 MA 解释的 CSR 部分（Callen et al.，2013；Gong et al.，2019）。实证结果显示，只有由 MA 解释的 CSR 部分对公司价值具有显著且正向的影响，这就表明企业社会责任和公司价值的正向关系主要是由 MA 这一因子所决定的。具体而言，具有较高企业社会责任的公司如果拥有较高管理者能力的高管可以得到更多利益。

在 2003～2008 年能源危机期间[①]，原油价格和主要能源产品的产量急剧增加的同时能源公司的利润出现下降（Profit Margin）（Ren et al.，2019）。因此，研究管理者能力和企业社会责任两者对于公司价值在行业不稳定期间的作用就变得尤为重要。除此之外，能源危机这一外生性冲击提供了一个准自然的实验环境，可以很好地缓解 CSR、MA 和企业价值之间的内生性问题。本章最后的实证结果显示能源企业如果在危机前或危机期间聘用具有更高管理者能力的管理者，在能源危机期间仍可以从更好的企业社会责任绩效中受益。针对这一现象的可能性解释是，企业社会责任绩效较高的公司拥有较高管理者能力的管理者，可以在市场不稳定期间获得更深层次的社会信用以及信息不对称成本相对较低。

本章的研究对现有文献的贡献有以下几点：第一，尽管能源行业在可持续发展中发挥着至关重要的作用，同时能源行业也是企业社会责任相关活动的先行者，但是，较少有专门对该行业进行企业社会责任和企业绩效关系的实证研究。与现有文献相比[②]，本章选取了较长的时间跨度并构建了一个较大的能源公司样本，以便在能源行业的背景下研究这个问题。本章的研究结果表明，能源企业可以通过优异的企业社会责任表现提高公司价值，但是这种正向作用在很大程度上取决于管理者的管理能力。

---

① 它也被称为 2000 年能源危机，油价从 2003 年的每桶 30 美元飙升至 2008 年的每桶 147.30 美元的历史最高水平。

② 现有的几项研究主要集中在（美国）高科技行业（Qian and Li，2003）、（墨西哥）汽车产业（Muller and Kork，2009）或者（澳大利亚）制造业（Terziovski，2010；Torugsa et al.，2012）。在此基础上，我们的研究选择了最重要的一个行业——能源行业，进行行业层面的分析。

第二，管理者能力在企业社会责任和公司绩效之间关系的作用。如果没有较高能力的管理者，能源公司履行企业社会责任的边际收益并不会显著超过由此带来的边际成本。这一发现为 CSR 如何影响公司绩效这一问题提供了一个新的可能性路径，同时，也有助于解释为何已有文献的研究结果会不一致。

第三，危机前拥有较高管理者能力的管理者或者危机前具有较好企业社会责任绩效的公司在危机期间均可以继续提升公司价值（Lins et al.，2016；Andreou et al.，2017）。只有具备超强管理者能力的 CEO 才能在能源危机时期，有效地通过实施企业社会责任活动以促进能源公司价值的提升。这就表明超强的管理者能力是公司履行企业社会责任正向效应的保障，特别是在市场遭受较大不确定性影响和社会信任较低时期。

第二节　管理者能力文献概述及假说的提出

一、管理者能力和公司价值相关文献

与之前研究中的同质管理者假设不同，最近的文献已经开始关注管理者特征和能力在公司决策中的重要影响作用。伯特兰德和肖尔（2003）的文章被称为“管理者风格”研究的基础文献。该文章指出，管理者具有不同的管理风格，使得管理者对于公司融资决策和投资决策，例如，红利分配政策、资本支出和兼并购的选择也不同，进而影响到公司业绩。具体而言，文章通过追踪随着时间推移在多个公司就职的个体管理者的行为，使用管理者固定效应来捕捉单个管理者的不可观测的特征及其对于公司决策的影响。管理者固定效应的研究已被广泛应用到公司金融的各个领域，如自愿披露决策和盈利质量等（Bamber et al.，2010，Ge et al.，2011；Dejong and Ling，2013）。

此外，根据管理者品质和声誉效应，已有文献的证据表明，具有卓越管理

者品质的企业在首次公开募股前后均表现较好（Chemmanur and Paeglis，2005）。这种关系也适用于二次发售的公司（Chemmanur et al.，2010）。张玉英等（2010）的研究结果进一步验证了这个观点，即公司业绩的横截面差异与首席执行官的能力差异有关。卡普兰等（2008）关注私募股权样本，发现具有较高综合能力的管理者所在的公司拥有更高的公司绩效。

但是，德默坚等（2012）指出以上衡量管理者能力的方法很难区别出该能力究竟是由管理者本身的能力决定的还是其他有可能影响到管理者固定效应的变量所决定的。因此，他们研发出一个全新的衡量标准，即 MA 分数，主要衡量相对于同行业的管理者来讲，本公司的管理者如何有效地将公司已有资源转化为公司收入①。科斯特等（2017）通过研究管理者有效管理公司资源的能力和公司合理避税之间的关系，验证出德默坚等（2012）的管理者能力衡量方法是一个有效的管理者能力代理变量。使用 MA 分数这一衡量方法，安德里亚斯等（Andreous et al.，2017）认为具有较强管理者能力的公司在金融危机发生时，可以更好地获取外部融资的机会，从而缓解了危机期间投资不足的问题，进而提高企业价值。基于以上分析，我们得出结论：管理者能力与公司价值之间存在正相关关系。

二、企业社会责任绩效和公司价值相关文献

现有研究发现企业社会责任绩效和公司价值之间的实证关系结果存在矛盾（McWilliams et al.，2006；Hull and Rothenberg，2008；Perrini et al.，2011；Bocquet et al.，2017）。核心争论的焦点是公司参加企业社会责任活动是否符合企业的价值最大化目标。企业社会责任的支持者认为，公司通过参与企业社会责任活动可以使股东和利益相关者的利益保持一致，提高客户忠诚度和员工满意度，以及形成较好的企业形象（Dowell et al.，2000；Hillman and Keim，2001；Luo and Bhattacharya，2006；Carmeli et al.，2007）。相比之下，企业社会责任的反对者认为，公司参与企业社会责任活动试图以牺牲股东利益为代价来服务于利益相关者的利益，从而将公司资源从其核心业务领域分配出去，导致了公司利润

① 具体 MA 分数的衡量方法见本章第三节。

降低（Friedman，1970；Cornell and Shapiro，1987）。

基于企业社会责任支持者的观点，麦克威廉姆斯和西格尔（McWilliams and Siegel，2000）的研究结果证明当估计模型中控制了研发支出时，企业社会责任绩效和公司价值之间呈现出中性关系。他们认为企业社会责任和公司绩效关系的实证研究之所以缺乏共识的结论，主要归因于模型设定错误。赫尔和罗森博格（2008）进一步证实了创新的调节作用。他们认为，在创新能力较低的企业以及差别较小的行业中，企业社会责任对财务绩效的影响更为显著。考虑到无形资源的中介效应，如创新、人力资源、声誉和企业文化等，苏罗卡等（2010）的研究表明企业社会责任与财务业绩之间没有直接关系。萨埃迪等（2015）进一步验证出两个调节变量，即声誉和竞争优势，可能会影响企业社会责任与财务绩效的关系。

除了前面所述的静态分析，唐志等（2012）构建了一个动态结构模型，以研究公司如何战略性地参与 CSR 活动，以提高其盈利能力。他们认为，一个有效的企业社会责任参与战略应该保持一致性，始终关注相关的企业社会责任维度，并采用内部到外部的路径策略。总之，最近的研究强调间接的企业社会责任与财务绩效关系，并指出企业社会责任与财务绩效之间存在若干缺失变量。

三、能源行业企业社会责任的特点及假设的提出

由于能源行业运营性质的特殊性，相对于其他行业，其受到更多的与 CSR 相关的标准、准则和惯例的约束（Smolarski and Vega，2013）。同时，可持续发展问题对能源企业至关重要，反过来，它们是企业社会责任相关活动的开拓者，也一直活跃在企业社会责任活动的最前沿（Hughey and Sulkowski，2012）。因此，能源公司被期待要实现盈利的同时必须承担较高的企业社会责任。企业社会责任被认为是能源行业面临的最大挑战，同时，也是现代能源公司保证正常运行的许可证（Streimikiene et al.，2009）。

尽管企业社会责任在能源行业中具有重要作用，但鲜有关注该行业企业社会责任与公司绩效关系的实证研究。据我们所知，这个主题只有三篇实证论文。例如，皮特瑞等（2014）采用格兰杰因果关系检验来研究企业社会责任与能源行业企业绩效之间的因果关系。其他两篇文章要么局限于样本较小

(Arslanayaydin and Thewissen, 2016);要么局限于样本期较短(Patari et al., 2012)。然而，他们的实证结果均表明企业社会责任与能源行业的企业价值之间存在正相关关系。因此，我们提出了本章的第一个假设:

假设5-1:企业社会责任绩效高的能源企业预计拥有较高的公司价值。

学术界和业界的从业者均强调，能源公司的经济成本随着公司参与更多的企业社会责任活动而急剧增加(Patari et al., 2014)。与较高的能源价格相比，人均收入水平相对较低，但是，消费者仍需要为绿色能源支付更高的价格(Streimikiene et al., 2009)。因此，在可持续发展的新背景下，能源公司面临的挑战变为如何平衡CSR所带来的经济效益和成本的同时增加。

如前所述，管理者能力较高的CEO对本公司的运营情况以及公司所在行业的趋势拥有更强的理解力(Demerjian et al., 2012, 2013)。而这种理解能力可以很好地帮助公司选择与企业社会责任战略一致的投资决策，这就帮助CEO能够更轻松地确定最佳的企业社会责任计划并有效地实施该计划。此外，作为公司的首席执行官，CEO可以为公司的发展制定一个“基调”，即通常会强调在公司已有资源的情况下实现成本最小化的目标(Koester et al., 2017)。因此，拥有较高管理者能力的CEO被认为可以高效地管理本公司的已有资源，最大限度地降低企业社会责任活动成本的同时，充分发挥企业社会责任的优势经济效果，最终实现向社会提供价格相对较低的能源资源的目标。以上分析证明了较高的管理者能力可以帮助能源公司实现CSR的正向作用。综上所述，我们提出本章的第二个假设:

假设5-2:企业社会责任绩效对于能源公司的正向作用取决于高管的管理者能力。

有研究表明，在危机期间，公司积极的投资活动仍会受到市场的正面认可，但是这一正向作用只有在危机前拥有较高管理者能力CEO的公司才会显著(Andreous et al., 2017)。具体而言，即使在金融危机期间，能力优秀的CEO依然帮助公司轻松获得外部资金以支持其投资项目。此类公司对于企业社会责任的投资不仅缓解了金融危机时期出现的严重投资不足的问题，而且也在社会信任度较低时帮助公司赢得了利益相关者的信任，因此，拥有较高MA的公司在市场不稳定时期投资CSR依然会受到市场的高度认可(Lins et al., 2016; Andreous et al., 2017)。我们因此推断当市场存在较大不确定性时，拥有优质CEO的公司依然可以充分发挥CSR的正向作用。本章的第三个假设如下:

假设 5 - 3：在能源危机期间，企业社会责任绩效较高的能源公司如果拥有较高管理者能力的 CEO，其公司绩效会增加。

第三节 样本和研究设计

本部分主要罗列出本书的样本结构、主要变量的衡量方法和统计性描述。

一、数据来源和样本选择

我们的研究样本包括 1992 ~ 2013 年[①]期间在美国股票市场上市的能源行业公司即采矿业（28），煤炭业（29）和石油行业（30）[②]。我们使用来自 KLD 数据库的企业社会责任综合评级数据，该数据库已被广泛用于近期 CSR 对公司绩效影响的主流研究（Deng et al.，2013；Servaes and Tamayo，2013）[③]。我们的财务数据和 CEO 特征数据来自 Compustat 数据库[④]。在去掉了数据缺失的样本后，我们最终的样本有 1 105 个年度—公司观察值。

二、企业社会责任的衡量

我们的企业社会责任数据来自 KLD 数据库中的 CSR 综合评级体系。该体系主要针对公司在 7 个方面的社会绩效进行综合评估，即社区关系、公司治理、多

① 由于 CSR 数据的可得性，我们的样本终止于 2013 年。

② 我们的行业分类依据 Fama - French 48 行业分类标准，数据可从 Kenneth R. French 数据库获得，http：//mba. tuck. dartmouth. edu/pages/faculty/ken. french/data_library. html。

③ 尽管如此，我们也熟知其他文献中所使用的衡量企业社会责任的代理变量和数据，例如，Abbott and Monsen（1979），Carroll（1979），Wood（1991）。

④ KLD 数据库和 Compustat 数据库的使用权归于文章的合作者 Dr. Cheng Yan 所在的单位 University of Essex，UK。

元化、员工关系、环境治理、人权问题以及产品质量和安全①。具体而言，每一种类别都由一系列的优势和劣势相关的二元变量组成。如果公司符合某一优势或者劣势标准，则为其分配值 1，否则为 0。根据以前的文献，我们将 7 个维度中的优势得分加总然后减去劣势得分，构建成 1 个综合的 CSR 分数来衡量每个公司的企业社会责任表现情况（Jiao，2010；El Ghoul et al.，2011；Jo and Harjoto，2012；McCarthy et al.，2017）。同时，我们使用了一个 CSR 虚拟变量［Dummy（CSR）］作为衡量公司企业社会责任表现的替代变量，即如果某一公司的 KLD CSR 分数大于 0，则赋值 1，否则为 0（Lin et al.，2016）。

三、管理者能力的衡量

我们采用德默坚等（2012）构建的 MA 分数来衡量管理者能力。MA 分数很好地捕捉到与同行业的管理者相比，本公司的管理者将公司已有资源转化为收入的效率。MA 分数越高意味着该公司的管理者拥有较高的能力把给定的公司资源更大限度地转化为公司收入，相反，MA 分数越低意味着管理者把公司资源转化为公司收入的能力越差。与以往的管理者能力代理变量不同，该测量方法包含较少的管理者固定效应的噪音，而且先前研究已通过大量实证测试证实了 MA 分数作为管理者能力代理变量的有效性（Demerjian et al.，2012；Lee et al.，2018）。

我们根据德默坚等（2012）的文章采用两步法来量化管理者能力。第一步，我们使用数据包络分析法（DEA）在一系列输入—输出设置中提炼公司在该行业内的公司效率。如方程（5.1）所示，使用公司的销售额（Sales）作为输出变量，输入变量是销售成本（CoGs）；销售和管理费用（SG&A）；物业，厂房和设备（PPE）；净经营租赁费用（OpsLease）；净研发支出（R&D）；商誉购买成本（Goodwill）以及其他无形资产（OtherIntan）。我们使用以下优化程序［方程（5.1）］来估计公司的效率得分，且效率得分的范围为 0 ~ 1。在有效边界上的公司运营效率得分为 1 分，运营效率最低的公司获得 0 分。

① KLD 数据库的衡量方法详见附录中表 A2。

$$\text{Max}\theta = (\text{Sales}_{i,t}) \times (\omega_1 \text{CoGs}_{i,t} + \omega_2 \text{SG\&A}_{i,t} + \omega_3 \text{PPE}_{i,t} + \omega_4 \text{OpsLease}_{i,t} + \omega_5 \text{R\&D}_{i,t} + \omega_6 \text{Goodwill}_{i,t} + \omega_7 \text{OtherIntan}_{i,t})^{-1} \quad (5.1)$$

但是，使用 DEA 方法构建的公司效率得分可能会同时受到管理者能力因子和公司其他特定特征的影响。因此，在第二步中，德默坚等（2012）对公司层面的公司效率得分和公司特定特征进行回归以提炼出管理者能力对于公司效率得分的直接影响：

$$\begin{aligned}\text{Firm Efficiency}_{i,t} = {} & \beta_0 + \beta_1 \ln(\text{Total assets})_{i,t} + \beta_2 \text{Market Share}_{i,t} \\ & + \beta_3 \text{Free Cash Flow Indicaton}_{i,t} + \beta_4 \ln(\text{Age})_{i,t} \\ & + \beta_5 \text{Business Segment Concentration}_{i,t} \\ & + \beta_6 \text{Foreign Currency Indicator}_{i,t} + \beta_7 \text{Year}_i + \varepsilon_{i,t}\end{aligned} \quad (5.2)$$

根据已有文献，公司特定特征包括公司规模、公司市场份额、自由现金流指标、公司年龄、机构数量和外币指标。回归中的残差项即为 MA 分数（MABILITY），是我们衡量管理者能力的第一个代理变量。此外，我们每年对 MA 分数进行十等分（MABILITY_RANK）作为管理者能力的第二个代理变量，该方法可以减少两步法带来的随机测量误差（Andreou et al.，2017；Yuan et al.，2017）。

四、其他变量的衡量

我们使用资产回报率（ROA）和销售回报率（Profit Margin）来衡量公司价值。另外，我们的控制变量主要包括公司层面特征和 CEO 层面可能会影响到公司价值的因子。其中，公司层面的特征包括公司规模（SIZE）（McWilliams and Siegel，2000）、杠杆比率（LEV）（Jiao，2010）、市值账面比（MB）（Gong et al.，2019）、研发支出（RD）（Tang et al.，2018；Samsul et al.，2019）、运营现金流（CFO）（Gong 和 Ho，2019）、资本性支出（CAP）（Retrenko et al.，2016）、流动资产与流动负债的比率（SLACK）（Pan et al.，2015）以及广告费用（ADV）（McCarthy et al.，2017）。我们主要考虑性别虚拟变量（GENDER）（Zhang et al.，2013）、CEO 年龄（AGE）（Godos – Diez et al.，2011）、CEO 任期（TENURE）（Chin et al.，2013），和 CEO 退休虚拟变量（RETIRE）（Manner，2010）来控制 CEO 特征。表 5 – 1 列出了每个变量的详细描述。

表 5-1　　主要变量描述

变量	衡量方法
被解释变量：公司价值	
Profit Margin	盈利能力，息税前利润与总销售额的账面价值之比
ROA	资产收益率，息税前利润与总资产的账面价值之比
解释变量	
CSR	CSR 分数，KLD 数据库中所有的优势项得分减去劣势项得分
Dummy（CSR）	CSR 虚拟变量，当公司的 CSR 分数大于 0 取 1，否则为 0
MABILITY	MA 分数，具体衡量方法详见德默坚等（2012）
MABILITY_RANK	MA 分数十分位等级，MA 分数分年度和行业进行十分位排序
控制变量	
公司层面特征：	
SIZE	公司规模，总资产账面价值的自然对数
LEV	杠杆比率，长期负债与所有者权益账面价值比率
MB	市场账面价值比，所有者权益的市场价值与账面价值的比率
RD	研发支出占比，总研发支出占总资产账面价值的比率
CFO	现金流量占比，公司运营产生的现金流量与总资产的比率
DIV	现金分红，现金分红与总资产的比率
CAP	资本性支出，总资本性支出与总资产账面价值的比率
SLACK	财务宽松，流动性资产与流动性负债的比率
ADV	广告支出，总广告支出与总资产账面价值的比率
CEO 特征：	
GENDER	CEO 性别，如果公司的 CEO 为男性取值为 1，否则为 0
AGE	CEO 年龄
RETIRE	CEO 退休，如果 CEO 的年龄大于等于 63 岁取值为 1，否则为 0
TENURE	CEO 任期，自 CEO 上任起到现在的年数

五、统计性描述

表 5-2 列出了本书中使用的主要变量的统计性分析。因变量 ROA 和 Profit Margin 的平均值分别为 0.16 和 0.34。样本企业的企业社会责任评分的平均值为 -1.27，表明总体而言，能源企业在样本期间获得的企业社会责任劣势得分高于优势得分。平均而言，能源公司首席执行官的管理者能力为 0.04，略高于先前研究报告中的其他行业（Demerjian et al.，2013；Yuan et al.，2017）。

表 5－2 统计性分析

	均值	标准方差	Q1	中值	Q3
Profit Margin	0. 34	0. 30	0. 16	0. 32	0. 56
ROA	0. 16	0. 08	0. 12	0. 16	0. 20
CSR	－1. 27	2. 68	－3	－1	0
MABILITY	0. 04	0. 18	－0. 08	0. 00	0. 14
GENDER	0. 99	0. 06	1. 00	1. 00	1. 00
AGE	52. 34	5. 27	49. 00	52. 00	55. 00
RETIRE	0. 01	0. 11	0. 00	0. 00	0. 00
TENURE	14. 42	9. 09	7. 00	11. 00	23. 00
SIZE	8. 17	1. 68	6. 90	8. 20	9. 29
LEV	1. 37	4. 41	0. 84	1. 25	1. 76
MB	2. 21	1. 43	1. 37	1. 89	2. 54
RD	0. 36%	0. 96%	0. 00%	0. 00%	0. 06%
CFO	0. 05	0. 05	0. 01	0. 03	0. 07
DIV	0. 01	0. 02	0. 00	0. 00	0. 01
CAP	0. 16	0. 11	0. 09	0. 14	0. 21
SLACK	1. 46	0. 78	0. 94	1. 26	1. 73
ADV	0. 01%	0. 09%	0. 00%	0. 00%	0. 00%

关于公司层面的特征，能源公司总资产的平均值为134. 9 亿美元。按债务与所有者权益比率计算，LEV 的平均值为 1. 37，表明能源公司的资本结构主要来自负债。另外，能源公司的研发支出、经营现金流、现金股利、资本支出和广告支出平均分别占其总资产的 0. 36%、4. 68%、1. 03%、16. 34% 和 0. 01%。平均而言，能源行业的首席执行官的任期为 14. 42 年，年龄为 52 岁，99% 的首席执行官是男性①。

为了检验本书中使用的主要解释变量之间是否存在多重共线性，我们测量解释变量两两之间的 Pearson 相关系数。如表 5－3 所示，所有的相关系数均小于 0. 6。同时，我们还列出了方差膨胀因子（VIFs），并且所有值都小于 10。以上发现均表明多重共线性在我们的回归分析中不是一个严重的问题。另外，值得注意的是，CSR 和 MABILITY 均与公司价值正相关，且 CSR 与 MABILITY 之间呈现出显著的正相关关系。

① 类似地，已有文献在全行业样本中检验出女性 CEO 的占比为 3%（Yuan et al.，2017）。

表 5－3　　Pearson 相关系数矩阵

序号	变量	VIFs	(1)	(2)	(3)	(4)	(5)	(6)	(7)	(8)	(9)	(10)	(11)	(12)	(13)	(14)	(15)	(16)	(17)
(1)	Profit Margin		1.00																
(2)	ROA		**0.56**	1.00															
(3)	CSR	1.13	**0.17**	**0.08**	1.00														
(4)	MABILITY	1.30	**0.18**	**0.36**	**0.15**	1.00													
(5)	GENDER	1.09	**0.06**	**0.07**	-0.01	0.04	1.00												
(6)	AGE	1.31	**-0.07**	**0.09**	**0.09**	**0.14**	-0.01	1.00											
(7)	RETIRE	1.18	-0.02	**0.10**	0.01	-0.02	0.01	**0.29**	1.00										
(8)	TENURE	1.25	0.00	**0.17**	-0.03	0.02	**0.07**	**0.27**	**0.14**	1.00									
(9)	SIZE	2.35	**-0.12**	**0.06**	**0.18**	**0.44**	0.00	**0.11**	0.01	**-0.16**	1.00								
(10)	LEV	1.10	**-0.03**	-0.04	0.01	**-0.03**	**-0.08**	0.01	-0.01	0.01	-0.01	1.00							
(11)	MB	1.16	**0.09**	**0.28**	-0.02	**-0.05**	0.01	-0.05	-0.02	**0.15**	**-0.12**	0.09	1.00						
(12)	RD	1.17	**-0.16**	-0.03	0.01	**-0.10**	0.01	0.03	**0.05**	-0.01	**-0.10**	-0.01	-0.01	1.00					
(13)	CFO	**1.86**	-0.18	0.03	-0.01	0.00	**-0.11**	**0.07**	0.01	**-0.05**	**0.10**	0.03	-0.03	**0.10**	1.00				
(14)	DIV	1.81	**-0.08**	**0.06**	**0.10**	**0.12**	0.01	**0.25**	0.02	-0.02	**0.21**	**0.06**	**0.09**	**0.07**	0.02	1.00			
(15)	CAP	1.78	**0.40**	**0.11**	**0.17**	**0.11**	**0.06**	**-0.13**	-0.04	0.05	**-0.19**	-0.01	**0.10**	**-0.21**	**-0.21**	**-0.17**	1.00		
(16)	SLACK	2.10	**-0.18**	**0.10**	**-0.05**	**-0.15**	0.02	**0.09**	**0.18**	-0.04	**-0.07**	-0.02	**-0.06**	**0.21**	**0.59**	-0.04	**-0.26**	1.00	
(17)	ADV	1.07	**-0.08**	-0.04	**-0.09**	0.04	0.01	**0.06**	-0.01	**0.10**	0.00	**0.04**	-0.01	-0.01	-0.05	-0.02	**-0.09**	-0.03	1.00

注：表 5－3 展示了样本中所有变量两两之间的 Pearson 相关系数。黑色加粗字体代表该相关系数在 10% 或以上的置信水平上显著。每个变量的具体定义详见表 5－1。

第四节　主要实证结果和稳健性检验

本节主要介绍了本书的实证结果。我们首先实证检验管理者能力、企业社会责任表现和公司价值之间的相互关系。其次，我们将企业社会责任绩效分解为与管理者能力相关的 CSR 成分和与管理者能力无关的 CSR 成分，进一步研究这两类 CSR 成分和公司价值之间的关系。最后，我们将能源危机作为一种准自然实验环境来缓解以上实证结果中的内生性问题。

一、管理者能力、企业社会责任和能源公司价值的实证结果

我们首先通过以下模型检验企业社会责任绩效对能源公司价值的影响，以判断能源行业的实证研究对已有文献的贡献：

$$\text{Firm value}_{i,t} = \emptyset_0 + \emptyset_1 \text{CSR}_{i,t} + \sum \emptyset_i \text{CONTROL}_{i,t} + \varepsilon_{i,t} \tag{5.3}$$

其中，$\text{CSR}_{i,t}$是能源公司 i 在 t 年的整体企业社会责任得分，控制变量（CONTROL）包括公司层面特征和 CEO 层面可能会影响到公司价值的因子。其中，公司层面的特征包括公司规模（SIZE）、杠杆比率（LEV）、市值账面比（MB）、研发支出（RD）、运营现金流（CFO）、资本性支出（CAP）、流动资产与流动负债的比率（SLACK）以及广告费用（ADV）。我们主要考虑性别虚拟变量（GENDER）、CEO 年龄（AGE）、CEO 任期（TENURE）和 CEO 退休虚拟变量（RETIRE）来控制 CEO 特征。公司价值的第一个代理变量是利润率（Profit Margin），第二个代理变量是总资产收益率（ROA）。在每一个混合回归模型中，我们均控制了时间（年度）固定效应和个体（公司）固定效应，此外，所有标准误差我们都做了公司层面的聚类调整。

我们从表 5－4 的 A 组中的模型（1）可以看出 CSR 的系数为 0.012，与利润率在 5% 的置信水平下呈现显著的正相关关系。此外，我们采用 Dummy

（CSR）作为CSR绩效的替代变量，其中如果该能源公司的CSR综合得分大于0则虚拟变量等于1，否则为0。我们从B组中的模型（1）发现，Dummy（CSR）的系数依然显著为正且是在1%的置信水平下显著。作为稳健性检验，我们使用ROA作为公司价值的替代变量，依然发现关于企业社会责任绩效的系数，不管是系数CSR还是Dummy（CSR）均显著为正。以上实证结果验证了本章的第一个假设，即能源行业的公司可以通过提高它们的企业社会责任表现来提升其公司价值。

接下来，我们用MABILITY（MABILITY_RANK）替换模型（1）中的CSR，以检验管理者能力是否以及如何影响能源行业的公司价值。从表5－4的模型（2）中，我们发现管理者能力与能源公司价值之间存在显著的正相关关系。具体而言，系数MABILITY和MABILITY_RANK分别为0.430和0.367，并且在5%和1%置信水平下呈统计性显著。这就表明相比较低管理者能力的公司，拥有优秀管理者能力的能源公司价值更高。其他控制变量的系数与先前的研究基本保持一致。总之，以上研究结果表明，企业社会责任绩效和管理者能力均正向影响着能源公司的价值。

为了判断影响公司价值的主导因素是企业社会责任绩效还是管理者能力，我们将MABILITY变量加入回归模型中［方程（5.3）］如下（McWilliams and Siegel，2000）：

$$\text{Firm value}_{i,t} = \gamma_0 + \gamma_1 CSR_{i,t} + \gamma_2 MABILITY_{i,t} + \sum \gamma_i CONTROL_{i,t} + \varepsilon_{i,t} \tag{5.4}$$

其中，MABILITY是根据德默坚等（2012）的方法计算出的MA分数。其他变量与回归方程（5.3）中的变量相同。在每一个混合回归模型中，我们均控制了时间（年份）固定效应和个体（公司）固定效应，此外，所有标准误差我们都做了公司层面的聚类调整。

从表5－4模型（3）呈现的结果中，我们可以观察到系数MABILITY依然如前述结果一样是显著为正的。值得注意的是，企业社会责任系数虽然依然为正但却不再显著。以上结果表明，当我们把管理者能力纳入模型考虑后，以前讨论的企业社会责任绩效对能源公司的显著正向影响作用已不存在。作为稳健性检验，我们分别使用ROA作为公司价值的替代变量，Dummy（CSR）作为企业社会责任绩效的替代变量，以及MABILITY_RANK作为管理者能力的替代变量时，我们的主要实证结果依然保持不变。综上所述，我们得出结论，即管理者能力是企业社会责任和能源公司绩效关系中一个关键的缺失变量。

表 5－4　CSR 和 MA 对能源公司价值影响的回归结果

A 组						
	Profit Margin			ROA		
	模型 1	模型 2	模型 3	模型 4	模型 5	模型 6
截距项	0.289 (0.81)	0.400 (0.99)	0.390 (0.98)	−0.124* (−1.90)	−0.077 (−1.11)	−0.079 (−1.16)
CSR	0.012** (2.04)		0.008 (1.35)	0.003** (2.22)		0.001 (0.99)
MABILITY		0.430** (2.13)	0.413** (1.99)		0.191*** (3.76)	0.188*** (3.60)
控制变量	YES	YES	YES	YES	YES	YES
年度固定效应	YES	YES	YES	YES	YES	YES
公司固定效应	YES	YES	YES	YES	YES	YES
调整后的 R^2	0.22	0.25	0.26	0.24	0.35	0.35
B 组						
	Profit Margin			ROA		
	模型 1	模型 2	模型 3	模型 4	模型 5	模型 6
截距项	0.330 (0.95)	0.112 (0.31)	0.109 (0.30)	−0.122* (−1.88)	−0.189*** (−3.15)	−0.190*** (−3.26)
Dummy(CSR)	0.116*** (4.04)		0.008 (1.32)	0.019** (1.99)		0.002 (1.15)

续表

B组						
	Profit Margin			ROA		
	模型 1	模型 2	模型 3	模型 4	模型 5	模型 6
MABILITY_RANK		0.367 *** (3.66)	0.359 *** (3.47)		0.132 *** (4.09)	0.130 *** (3.96)
控制变量	YES	YES	YES	YES	YES	YES
年度固定效应	YES	YES	YES	YES	YES	YES
公司固定效应	YES	YES	YES	YES	YES	YES
调整后的 R^2	0.23	0.30	0.30	0.24	0.37	0.38
观测值	939	939	939	939	939	939

注：表 5－4 展示的是能源公司价值与 CSR 和 MA 的 OLS 回归结果。A（B）组呈现的是当 CSR（Dummy（CSR））作为企业社会责任绩效的代理变量和 MABILITY（MABILITY_RANK）作为管理者能力的代理变量时的回归结果。括号里面的数值为 t 值。***、**、* 分别表示该系数在 1%、5%、10% 的置信水平下显著，并控制了年度和公司固定效应，以及对所有标准误差均进行了公司层面的聚类调整。

二、管理者能力解释的 CSR 成分对能源公司价值的影响

为了进一步研究管理者能力在“企业社会责任—公司价值”这一关系中的关键作用，在本部分，我们采用两阶段方法将 CSR 分解为与 MA 相关的 CSR 成分和与 MA 无关的 CSR 成分。我们在该部分分析的逻辑重点是有较高管理者能力的 CEO 可以通过提高企业社会责任绩效以提高能源公司的价值。

袁媛等（2017）提出以下推论：具有较高管理者能力的 CEO 因为职业发展上的隐患较小，越有可能参加长期的企业社会责任活动，从而提高其企业社会责任的绩效。因此，在第一阶段的回归中，如回归方程（5.5）所示，我们先衡量管理者能力如何影响企业社会责任绩效。根据卡伦等（2013）和龚玉晶等（2019）文献中使用的方法，我们通过每年按照公司层面回归方程（5.5）得到 CSR 在下一年度的拟合值，即为与管理者能力相关的 CSR 成分（$CSR_{MABILITY}$）。而当年原始的 CSR 分数和同时期的与管理者能力相关的 CSR 成分之间的差为与 CSR 无关的 CSR 成分（$CSR_{NonMABILITY}$）。在第二阶段，我们通过回归方程（5.6）估计 $CSR_{MABILITY}$ 和 $CSR_{NonMABILITY}$ 对公司价值的影响。在每一个混合回归模型中，我们均控制了时间（年份）固定效应和个体（公司）固定效应，此外，所有标准误差我们都做了公司层面的聚类调整。

$$CSR_{i,t} = \vartheta_0 + \vartheta_1 MABILITY_{i,t} + \sum \vartheta_i CONTROL_{i,t} + \varepsilon_{i,t} \tag{5.5}$$

$$\text{Firm value}_{i,t} = \mu_0 + \mu_1 CSR_{MABILITY_{i,t}} + \mu_2 CSR_{NonMABILITY_{i,t}} + \sum \mu_i CONTROL_{i,t} + \varepsilon_{i,t} \tag{5.6}$$

表5-5 A 组中的模型（1）展示的是第一阶段的回归结果。我们发现系数 MABILITY 的数值为2.485，t=2.43，表明拥有较高管理者能力 CEO 的能源公司可以获得更高的 CSR 分数，这个发现与袁媛等（2017）的研究结果一致。进一步地，当 CSR 分数在第二阶段的回归中，被分为与 MA 相关的成分和与 MA 无关的剩余成分时，只有系数 $CSR_{MABILITY}$ 显著为正，这表明 CSR 和能源公司价值之间的正相关关系主要取决于管理者能力。具体而言，对于具有较高社会责任表现的能源公司，如果拥有优秀管理能力的 CEO，那么它们可以从较好的 CSR 表现中获得更高的利润率。相反，系数 $CSR_{NonMABILITY}$ 不显著，表明企业社会责任的

其他决定因素对能源公司价值的影响不大。在比较这两个系数的数值大小时，我们发现企业社会责任对能源公司价值的预测能力的87%归因于 MA 成分。

在 B 组中，我们使用 MABILITY_RANK 作为管理者能力的代理变量，在第一阶段的回归中，系数 MABILITY_RANK 依然显著为正，说明管理者能力较强的 CEO 可以帮助能源公司获得较高的 CSR 得分。在第二阶段的回归中，CSR 被分解为与 MA 相关的 CSR 成分（$CSR_{MABILITY\_RANK}$）和与 MA 无关的 CSR 剩余成分（$CSR_{NonMABILITY\_RANK}$）。虽然我们发现这两个系数均显著为正，但是系数 $CSR_{MABILITY\_RANK}$ 要大于 $CSR_{NonMABILITY\_RANK}$，说明企业社会责任对能源公司价值的正相关关系仍有将近60%由 MA 这一单一成分解释。此外，当我们采用 ROA 作为公司价值的代理变量时，我们的结果依然是稳健的。总的来说，以上实证结果证实了本章的第二个假设。

表 5－5　CSR 对能源公司价值影响的实证结果：管理者能力的作用

A 组			
	第一阶段：CSR	第二阶段：Profit Margin	第二阶段：ROA
	模型 1	模型 2	模型 3
截距项	－1.163*** (－2.58)	0.315 (0.87)	－0.114* (－1.87)
MABILITY	2.485*** (2.43)		
$CSR_{MABILITY}$		0.055*** (2.80)	0.022*** (3.43)
$CSR_{NonMABILITY}$		0.008 (1.31)	0.001 (0.93)
控制变量	YES	YES	YES
年度固定效应	YES	YES	YES
公司固定效应	YES	YES	YES
调整后的 R^2	0.15	0.24	0.28
观测值数量	1 099	939	939

续表

B 组			
	第一阶段：CSR	第二阶段：Profit Margin	第二阶段：ROA
	模型 1	模型 2	模型 3
截距项	-2.121*** (-2.86)	0.281 (0.79)	-0.126* (-1.93)
MABILITY_RANK	1.395* (1.91)		
$CSR_{MABILITY\_RANK}$		0.015*** (2.82)	0.004*** (2.76)
$CSR_{NonMABILITY\_RANK}$		0.011** (1.97)	0.003** (2.12)
控制变量	YES	YES	YES
年度固定效应	YES	YES	YES
公司固定效应	YES	YES	YES
调整后的 R^2	0.16	0.25	0.27
观测值数量	1 099	939	939

注：表 5-5 展示的是两阶段回归的结果。$CSR_{MABILITY}$表示的是由 MA 决定的 CSR 成分，是从第一阶段回归中由 MABILITY 估量出来的 CSR 的估计值；$CSR_{NonMABILITY,}$表示的是与 MA 无关的 CSR 成分，具体是指 CSR 分数和 $CSR_{MABILITY}$之间的差值；$CSR_{MABILITY_RANK}$是由 MA 决定的 CSR 成分的替代变量，是从第一阶段回归中由 MABILITY_RANK 估量出来的 CSR 的估计值；$CSR_{NonMABILITY_RANK}$是 CSR 分数和 CSRMABILITY_RANK 之间的差值。括号里面的数值为 t 值。***、**、* 分别表示该系数在 1%、5%、10% 的置信水平下显著，并控制了年度固定效应和公司固定效应，以及对所有标准误差均进行了聚类调整。

三、能源危机时期管理者能力解释的 CSR 成分对能源公司价值的影响

在本部分中，我们将检验在能源危机期间，即 2003～2008 年，上述已经验证过的由 MA 决定的企业社会责任对能源企业价值的正向影响是否仍然显著。此外，危机的发生为缓解公司金融研究中的内生性问题，提供了一个很好的准自

然实验环境（Berk and Rauch，2016；Lins et al.，2016；Andreous et al.，2017）。因此，我们在能源危机的背景下检验上述结果，可以很好地帮助我们区分能源公司企业价值的变化是否真正地归因于由管理者能力决定的企业社会责任绩效的变化。相应的，我们对以下模型进行回归分析：

$$\text{Firm value}_{i,t} = \pi_0 + \pi_1 CSR_{MABILITY_{i,t}} \times \text{Energy Crisis} + \pi_2 CSR_{NonMABILITY_{i,t}} \times \text{Energy Crisis} + \pi_3 \text{Energy Crisis} + \sum \pi_1 CONTROL_{i,t} + \varepsilon_{i,t} \quad (5.7)$$

其中 Energy Crisis 是一个虚拟变量，自 2003 年起等于 1，否则为 0；其他变量与回归方程（5.6）中表述的变量相同。在每一个混合回归模型中，我们均控制了时间（年份）固定效应和个体（公司）固定效应，此外，所有标准误差我们都做了公司层面的聚类调整。

从表 5-6 的结果可以看出，与能源危机前相比，能源危机爆发后，能源企业的盈利能力相对较低。特别需要注意的是，与 MA 相关的 CSR 成分和能源危机的交乘项是正向且显著的，这就说明，在能源危机发生后，之前实证已经检验出来的由 MA 决定的 CSR 对能源公司企业价值的正向影响作用变得更加显著了。也就是说，与危机未发生时相比，在能源危机期间和之后，如果能源公司在同期具有较好的企业社会责任表现和拥有超强管理能力的首席执行官，其仍然可以享有较高的利润率。这一发现验证了我们的猜想，即企业社会责任表现较好的公司如果能同时拥有较高管理者能力的管理者，尤其是在社会信任度较低的时期，会被市场认为是更加值得信赖的，同时也拥有相对较低的信息不对称性①。

此外，我们采用双重差分法（DID）去检验是否在危机发生前，社会责任表现较高的能源公司可以通过雇用较高管理者能力的高管，以增加在能源危机时期该能源公司的企业价值（Lins et al.，2016）。具体而言，我们样本中的所有能源公司均采用以下模型进行回归，样本时间跨度从 2002 年开始，即能源危机发生前的 1 个会计年度，到 2013 年结束，即此时能源行业已从危机中复苏。

$$\text{Firm value}_{i,t} = \varepsilon_0 + \varepsilon_1 CSR_{MABILITY_{i,2002}} \times \text{Crisis} + \varepsilon_2 CSR_{MABILITY_{i,2002}} \times \text{PostCrisis} + \sum \varepsilon_i CONTROL_{i,t} + \varepsilon_{i,t} \quad (5.8)$$

① 正如林斯等（Lins et al.，2016）讨论过的一样，公司和市场的社会信任度会在危机后期依然相对较低。这也是在该部分我们使用危机发生时和发生后这一时期去检验主要实证结果的原因。

其中，$CSR_{MABILITY_{i,2002}}$是通过回归方程（5.5）由2002年会计年度的MA值估算出来的CSR拟合值。Crisis是一个虚拟变量，在2003～2008年等于1，其他年度为0。而PostCrisis也是一个虚拟变量，在2009～2013年等于1，其他年度为0。其他变量与回归方程（5.6）中表述的变量相同。在每一个混合回归模型中，我们均控制了时间（年份）固定效应和个体（公司）固定效应，此外，所有标准误差我们都做了公司层面的聚类调整。

表5－6　　CSR对能源公司价值影响的实证结果：管理者能力在危机时期的作用

	Profit Margin		ROA	
	模型1	模型2	模型3	模型4
截距项	0.373 (1.24)	0.671 (2.17)**	－0.102 (－1.82)*	－0.029 (－0.25)
$CSR_{MABILITY}$ ×Energy Crisis	0.058*** (2.91)		0.022*** (3.25)	
$CSR_{NonMABILITY}$ ×Energy Crisis	0.001 (0.07)		－2.E－04 (－0.11)	
Energy Crisis	－0.133 (－1.56)		－0.043** (－2.23)	
$CSR_{MABILITY,2002}$ ×Crisis		0.120*** (4.32)		0.013** (2.28)
$CSR_{MABILITY,2002}$ ×PostCrisis		0.039 (1.14)		0.002 (0.18)
$CSR_{MABILITY,2002}$ ×(Crisis－PostCrisis)		0.081		0.012
p值		(0.00)		(0.00)
控制变量	YES	YES	YES	YES
年度固定效应	YES	YES	YES	YES
公司固定效应	YES	YES	YES	YES
调整后的 R^2	0.23	0.63	0.28	0.52
观测值数量	939	268	939	268

注：表5－6展示的是在能源危机发生时期管理者能力对于能源行业CSR和公司价值影响的回归结果。Energy Crisis是一个虚拟变量，在危机发生时的2003年及以后的年份取值为1，否则为0。Crisis是一个虚拟变量，在危机期间2003～2008年取值为1，否则为0。PostCrisis是一个虚拟变量，在危机发生后的2009～2013年取值为1，否则为0。括号里面的数值为t值。***、**、*分别表示该系数在1%、5%、10%的置信水平下显著，并控制了年度固定效应和公司固定效应，以及对所有标准误差均进行了聚类调整。

表 5 – 6 中的结果表明，在能源危机期间，危机前期与 MA 相关的 CSR 成分（$CSR_{MABILITY_{i,2002}}$）和能源公司企业价值之间呈现出正向且显著的相关关系。能源危机之后，这种正向的作用依然存在，但是随着时间的推移，$CSR_{MABILITY_{i,2002}}$对于能源公司的企业价值的影响变得微不足道。接着，我们发现能源危机期间和危机发生之后 $CSR_{MABILITY_{i,2002}}$对于能源公司企业价值的影响差异是显著的，这说明当危机前企业社会责任表现较好的公司同时拥有较高管理者能力的高管，可以帮助能源公司在整个行业进入危机时依然拥有较高的盈利能力。而一旦能源行业开始复苏后，较高的 CSR 和 MA 对于能源公司企业价值的作用将会消失①。这个发现与我们的猜想是一致的，即当能源公司在危机发生前同时拥有优异的企业社会责任表现和较高管理者能力的 CEO 的话，当能源行业陷入危机时，投资者依然会认为此类公司是更加值得信赖的。

总的来说，本节的实证结果证实了本章的第三个假设，即在能源危机期间，如果该公司拥有较高管理者能力的高管，企业社会责任表现较好的能源公司依然可以获取较高的收益率。

四、管理者能力和公司价值的内生性处理结果：两阶段回归方法（2SLS）

到目前为止，我们的实证结果已经证实即使在能源危机期间，企业社会责任表现较好的能源公司如果拥有较高管理者能力的高管，其公司盈利能力依然会得到提升。一方面，有人可能会提出观点：那些运营良好的公司更有可能聘用且留住优秀的 CEO；另一方面，虽然我们已经在计量模型中尽可能包含了会影响公司价值的控制变量，并且使用了不同方法测量管理者能力，但是遗漏变量、测量误差和同时性问题仍然存在。为了减少与内生性相关的问题，我们采用两阶段最小二乘法（2SLS）来进一步研究管理者能力对企业价值的影响（Cui et al.，2016；Lee et al.，2018）。

① 林斯等（2016）发现在危机发生前企业社会责任表现较好的公司（在会计年度 2006 年底）在危机期间（2008 年 10 月 ~ 2009 年 3 月）和危机之后的一段时间（2009 年 4 月 ~ 2013 年 12 月）均表现出较高的盈利能力。对于本书的发现，我们认为由管理者能力解释的 CSR 部分对于公司价值的影响在中期较为显著，长期来看其效果会变弱。

第一阶段，

$$CSR_{i,t} = \vartheta_0 + \vartheta_1 \Delta MA_{i,t-1} + \vartheta_2 \Delta MA_{i,t-2} + \vartheta_3 Industry\_MA_{i,t} + \sum \vartheta_{i,t} CONTROL_{i,t} + \varepsilon_{i,t} \quad (5.9)$$

第二阶段，

$$Firm\ value_{i,t} = \omega_0 + \omega_1 \widehat{MA_{i,t}} + \sum \omega_{i,t} CONTROL_{i,t} + \mu_{i,t} \quad (5.10)$$

在第一阶段，我们采用 MA 滞后一期之差（$\Delta MA_{i,t-1}$）、MA 滞后两期之差（$\Delta MA_{i,t-2}$）以及行业层面的平均 MA（$Industry\_MA_{i,t}$）作为 MA 的工具变量。选取前两个变量作为工具变量的原因如下：我们认为 MA 滞后一期或两期的变化之差与当期的 MA 之间具有天然的相关关系，而不太可能与当期的公司价值有直接关系。此外，我们还认为如果一个行业的平均 MA 值较高，那么该行业中公司的 MA 也会较高，而行业层面的平均 MA 与行业中某一特定公司的当期价值没有直接关联。在第二阶段的回归中，我们使用第一阶段回归中估量出来的 MA 值（$\widehat{MA_{i,t}}$）作为主要解释变量。

两阶段回归的结果如表 5 - 7 所示，我们首先观察到在第一阶段回归中，所有工具变量均与 MABILITY（MABILITY_RANK）显著为正，这就验证了我们的工具变量可以有效地替代 MA。当我们使用利润率作为公司价值的代理变量时，MABILITY_2SLS（MABILITY_RANK_2SLS）的估计系数为 0.9445，t = 2.03（0.5660，t = 2.66）。我们使用 ROA 作为公司价值的替代变量，可以得到相似的结果。

表 5 - 7　　MA 和能源公司价值的实证结果：2SLS 方法

	第一阶段：MABILITY	第一阶段：MABILITY_RANK	第二阶段：Profit Margin		第二阶段：ROA	
	模型 1	模型 2	模型 3	模型 4	模型 5	模型 6
截距项	-0.0561 (-0.37)	0.4918** (1.98)	0.5807 (1.58)	0.0842 (0.17)	-0.0262 (-0.24)	-0.1800* (-1.75)
$\Delta MABILITY_{t-1}$	0.4492*** (10.17)					
$\Delta MABILITY_{t-2}$	0.4488*** (10.16)					

续表

	第一阶段：MABILITY	第一阶段：MABILITY_RANK	第二阶段：Profit Margin		第二阶段：ROA	
	模型 1	模型 2	模型 3	模型 4	模型 5	模型 6
Ind(MABILITY)	0.5679*** (4.51)					
ΔMABILITY_RANK$_{t-1}$		0.4789*** (11.23)				
ΔMABILITY_RANK$_{t-2}$		0.4780*** (11.21)				
Ind(MABILITY_RANK)		0.4783*** (3.56)				
MABILITY_2SLS			0.9445** (2.03)		0.2985** (2.39)	
MABILITY_RANK_2SLS				0.5660*** (2.66)		0.1743*** (2.77)
控制变量	YES	YES	YES	YES	YES	YES
年度固定效应	YES	YES	YES	YES	YES	YES
公司固定效应	YES	YES	YES	YES	YES	YES
调整后的 R^2	0.50	0.47	0.23	0.23	0.28	0.28
观测值数量	825	825	825	825	825	825

注：表 5-7 展示的是 MA 对能源公司价值的 2SLS 回归结果。在该回归中，我们从第一阶段得到管理者能力的拟合值，在第二阶段分别在模型 3 和模型 4 使用 Profit Margin 作为被解释变量，在模型 5 和模型 6 使用 ROA 作为被解释变量。括号里面的数值为 t 值。***、**、* 分别表示该系数在 1%、5%、10% 的置信水平下显著，并控制了年度固定效应和公司固定效应，以及对所有标准误差均进行了公司层面的聚类调整。

第五节 结　语

本章以与可持续发展问题密切关联的能源行业为样本，主要检验能源公司的企业社会责任表现是否以及如何影响其公司价值。首先，初步的实证结果确认了在能源行业中，企业社会责任绩效和公司价值之间具有正相关关系。但是，这一正向影响作用在模型考虑了管理者能力因子后就不再显著。其次，进一步的实证结果表明，只有由MA决定的CSR部分和能源公司企业价值之间具有显著的正向关系。最后，本章提出具有较高管理者能力的CEO依然可以在能源危机期间，通过有效地实施企业社会责任投资以巩固其企业价值。

总体而言，本章的研究结果表明，管理者能力在能源行业企业社会责任与企业绩效的关系中起着至关重要的作用。管理者能力较高的CEO是能源公司实现企业社会责任正向效应的保证，特别是当能源市场处于不稳定时期时。因此，对于能源公司来讲，在聘用公司高管时必须将管理者能力作为主要的考量因素。

根据对已有文献的认知，本章的研究首次实证验证了管理者能力和企业社会责任绩效两者对于能源公司的综合影响作用。如果把本书的框架应用于其他同样重视企业社会责任的行业也会有极其重要的意义，如消费者主导型行业和其他利益相关者利益导向性等行业。另外，仍存在一些潜在因子可以通过影响企业社会责任以提高公司价值，特别是在市场存在较大不稳定因素时，此类因子就显得尤为重要。对这些可能性影响渠道的研究以及它们对企业社会责任的影响进行比较是该领域下一步要进行的工作。

附 录

附表 A1　　　　　中国企业社会责任数据库

——润灵环球 MCTi2012 版评级体系

整体性（M－score）			
指标主题	序号	具体指标	终端采分点
战略	M1	整体责任战略信息：包括社会责任战略目标、社会责任战略达成路径、重要责任挑战与风险识别等信息	1. 社会责任战略目标 2. 社会责任战略达成路径 3. 重要责任风险与挑战的识别
	M2	可持续发展适应与应对信息：包括气候变化、社会问题及宏观环境变化可能带来的可持续发展问题等信息	4. 气候变化对企业可持续发展的影响 5. 社会问题对企业可持续发展的影响 6. 宏观环境变化对企业可持续发展的影响
	M3	责任战略与企业有效匹配信息：企业提供的主要产品与业务对社会、环境造成的影响有关联的信息等	7. 企业提供的主要产品/业务对社会造成的影响 8. 企业提供的主要产品/业务对环境造成的影响
	M4	企业高管在战略层面考虑社会责任的信息：包括董事长等公司所有者代表及 CEO 等高管关于社会责任、可持续发展的声明等信息	9. 企业所有者（董事长等）关于社会责任/可持续发展的声明 10. 企业管理者代表（CEO 等）关于社会责任/可持续发展的声明
	M5	社会责任目标制定与达成信息：包括长、短期社会责任规划，明确的、量化的绩效目标等信息	11. 企业社会责任长期规划 12. 企业社会责任短期规划 13. 规划目标的量化治理

续表

整体性（M - score）			
指标主题	序号	具体指标	终端采分点
治理	M6	公司基本信息：包括公司及所在行业的基本信息，其所在的社会、环境背景等信息	14. 公司基本信息 15. 其所在行业的基本信息 16. 其所在社会及环境背景
	M7	价值观、原则与准则信息：包括企业对社会责任理解，在推动可持续发展层面上所持有的价值观、行为准则等信息	17. 企业社会责任价值观 18. 企业社会责任行为准则
	M8	社会责任管理机构信息：包括负责监督与可持续发展相关问题的机构设置、社会责任实施主管部门或专门人员设置等信息	19. 董事会层面的机构设置 20. 管理部分层面的机构或人员设置
	M9	决策流程与机构信息：包括公司对环境、社会、经济事物的管理方法、程序或步骤等信息	21. 公司对环境、社会、经济事务的管理方法、程序或步骤等信息
	M10	治理透明度信息：包括信息披露机制相关信息	22. 信息披露机制
	M11	风险管理信息：包括公司评估和管理风险，尤其是那些与可持续发展有密切关联的风险等信息	23. 评估与管理一般风险 24. 评估与管理那些与可持续发展密切关联的风险
	M12	商业道德治理信息：包括公司反商业贿赂规范及相关举措等信息	25. 与反商业贿赂相关的制度规范 26. 针对反商业贿赂采取的管理措施
	M13	内部实践信息：包括与社会责任或可持续发展相关的多部门、多层级参与，集团公司或母公司推进下属企业履行社会责任的体系及机制等信息	27. 社会责任的多部门、多层级参与 28. 推进下属企业履行社会责任的体系及体制

续表

整体性（M－score）			
指标主题	序号	具体指标	终端采分点
利益相关方	M14	利益相关方界定与识别信息：包括明确公司各个利益相关方及其重要程辨识等信息	1. 利益相关方辨识 2. 利益相关方重要程度辨识
	M15	利益相关方沟通信息：包括长期与利益相关方的双向沟通机制与利益相关方期望互动	3. 利益相关方沟通机制 4. 利益相关方期望地听取和改善反馈
	M16	利益相关方意见信息：包括不同利益相关方的评论等信息	5. 利益相关方评论
内容性（C－score）			
指标主题	序号	具体指标	终端采分点
经济绩效	C1	盈利与汇报信息：包括公司年度收入、利润、利润分配等信息	6. 公司年度收入总额信息 7. 公司年度利润总额信息 8. 公司年度待审批分红方案
	C2	同比经济信息：包括收入、利润、利润分配同比比率及对比等信息	9. 收入总额同比比率 10. 利润总额同比比率 11. 分红方案对比
	C3	主要产品或服务基本信息：包括市场占有率、销量、创新等信息	12. 产品/服务销量 13. 产品/服务市场占有率 14. 产品/服务创新
劳工与人权	C4	雇佣与雇佣关系信息：包括雇员基本构成、雇佣合规、各类雇佣关系组成等信息	15. 雇员性别构成 16. 雇员年龄构成 17. 雇员总量 18. 临时雇员数量 19. 签订正式劳动合同比例
	C5	员工职业成长信息：包括公司投资于雇员个人知识和技能提高以提升雇员职业发展能力等信息	20. 培训时长及人次总量/平均量 21. 培训课程种类 22. 培训覆盖员工范围

续表

内容性（C - score）			
指标主题	序号	具体指标	终端采分点
劳工与人权	C6	职业健康与安全信息：包括公司识别及控制职业安全和健康的风险因素，在雇员安全、健康等领域制定相关制度，提供安全保护措施等信息	23. 安全生产管理制度 24. 员工健康管理措施 25. 劳动安全保护设施
	C7	人权保障信息：包括公司在雇员工同工同酬、杜绝童工和强制劳动、处理申诉等信息	26. 同工同酬申明 27. 杜绝童工申明 28. 处理员工申诉情况
	C8	工作条件与社会保障信息：包括公司在职员工薪酬、假期、福利及特殊员工关爱领域的信息披露	29. 员工薪酬水平 30. 员工假期 31. 员工除薪酬外的其他福利 32. 对于特殊员工的关爱
	C9	社会对话与关爱信息：包括公司工会或职代会，关注员工信服程度（娱乐活动、家属关系、满意度调查等）活动等信息	33. 工会或职代会相关信息 34. 员工工余娱乐活动 35. 员工家属关爱 36. 员工满意度调查
	C10	责任教育信息：包括公司引入有关可持续发展知识，进行可持续发展培训情况等信息	37. 引入可持续发展知识，以非培训手段推广 38. 进行可持续发展培训
环境	C11	环境整体管理信息：包括公司运营的环境管理信息，通过环境管理体系认证及年度复核，年度环保投资额度等信息	39. 环境管理体系认证及年度复核 40. 年度环保投资额
	C12	预防污染信息：包括识别污染及废物，测量、记录及报告污染源头，餐区控制措施（例如减少废物原则）等信息	41. 排放污染及废物的识别 42. 测量、记录及报告污染源头 43. 采取控制污染措施

续表

内容性（C－score）			
指标主题	序号	具体指标	终端采分点
环境	C13	可持续资源使用信息：包括识别能源、水及原料来源，测量、记录及报告它们的使用（资源消耗量），采取资源效能措施（例如节约措施），寻求取代非再生能源的可行机会等信息	44. 识别能源、水的来源 45. 测量、记录及报告能源及水的用量 46. 采取能源、水的节约措施 47. 寻求取代非再生能源的可行机会
	C14	减缓及适应气候变化信息：包括识别温室气体排放源头，测量、记录及报告温室气体排放，采取减排措施；避免或减少气候变化的不良影响；在产品生产及业务开展过程中考虑气候变化等方面的信息	48. 识别温室气体排放源头 49. 测量、记录及报告温室气体排放量 50. 温室气体减排措施 51. 避免或减少气候变化的不良影响（如购买碳汇、植树等） 52. 在生产及业务过程中考虑气候变化
公平运营	C15	反贪污管理信息：包括实施及改进防止贪污政策及做法，支持员工及代理商杜绝贪污，鼓励举报等信息	53. 防腐政策及做法 54. 支持员工及供应链伙伴杜绝贪污措施 55. 稽核和鼓励举报措施
	C16	在势力范围内推广社会责任信息：在采购、销售及分包政策内包含道德、社会、环境、职业安全和健康以及性别平等准则，鼓励其他组织采取相同做法，调查及监视有关系组织的活动不会影响本组织对社会责任的承诺，在价值链中推广提高这些组织对社会责任的认识等信息	56. 采购、销售及分包政策中鼓励社会责任 57. 对相关组织的社会责任认知提升 58. 调查及监视其社会责任承诺

续表

内容性（C - score）			
指标主题	序号	具体指标	终端采分点
消费者	C17	提供产品或服务的质量保障信息：包括公司主要产品或服务质量管理体系、技术创新等信息	59. 质量管理体系阐述及认证 60. 产品/服务的技术创新
	C18	消费者（客户）管理信息：包括公司客户关系管理体系及客户满意度调查等信息	61. 客户关系管理体系 62. 客户满意度调查
	C19	保护消费者安全与健康信息：包括公司主要产品或服务合格了及安全性，评定相关法规、标准及规格，从产品设计减少风险，避免使用致癌、有毒或有害的物料情况，事前评估风险，产品指示政策及可预期的用法，预防误用及因误用而出现事故的措施，回收有问题的产品的情况等信息	63. 主要产品或服务的合格率 64. 主要产品或服务的安全性阐述 65. 主要产品回收机制
	C20	消费者（客户）服务信息：包括服务获取通道、投诉率及纠纷的排除和解决等信息	66. 客户服务便捷性 67. 客户投诉比率 68. 纠纷的排除和解决
	C21	保护消费者（客户）数据及隐私信息：包括消费者个人信息的管理权设置、知晓组织是否存有个人资料及提出删除申请等信息	69. 个人信息的管理权限设置 70. 知晓组织是否存有其个人资料及提出删除申请
	C22	消费者教育信息：包括公司对消费者进行安全及健康（产品危害）、相关法律（例如申诉及消费者权益）、产品贴标、包装及产品弃置信息和只是教育情况等信息	71. 对产品本身属性（安全、健康、产品标贴、包装及弃置信息）的消费者权益的教育

续表

内容性（C－score）			
指标主题	序号	具体指标	终端采分点
社区参与及发展	C23	公益捐赠信息：包括公司社会公益捐赠（资金、物资、无偿专业服务）等信息	72. 社会公益捐赠总额 73. 社会公益捐赠构成情况
	C24	志愿服务信息：包括公司员工志愿服务开展范围、活动情况、绩效等信息	74. 员工志愿服务活动 75. 员工志愿服务绩效（人时/社会贡献额）
	C25	政治参与信息：包括公司参与地区及行业组织，参与有关政策法规或行业标准对话的状况和程度等信息	76. 加入地区及行业组织 77. 参与政策法规及行业标准制定
	C26	创造就业信息：包括年度新晋员工等方面信息	78. 年度员工招聘量
	C27	科技发展信息：包括参与国家和地方的科研开放项目，与当地大学及研究院所科研合作，尽量容许科技转移及科技扩散等方面信息	79. 参与科研开放项目 80. 与大学科研院所的合作
	C28	创造财富和收入信息：包括事前征得本地社区同意才开发天然资源，支持社区企业，尽量发展具有潜力的本地知识及技术等方面信息	81. 社区意见征集 82. 支持社区企业
	C29	推广健康信息：包括推广健康生活，提高对主要疾病的预防意识，消减主要产品或服务对健康的负面影响等方面信息	83. 推广健康意识 84. 减低产品/服务对健康的负面影响
	C30	社会投资信息：包括在投资分析及决策时融入环境、社会及治理议题等方面信息	85. 投资的环境筛选 86. 投资的社会及治理筛选

续表

技术性（T－score）		
指标主题	序号	具体指标
内容平衡	T1	整体性：包括对企业社会责任各利益相关方责任的覆盖完整度
	T2	中肯性：包括对履行社会责任负面信息或遇到挑战及障碍的披露程度
信息科比	T3	一致性：包括与以往报告一致度（报告编制形式、方法、假设的解释、数据计算方法）
	T4	数据性：包括以全数与比率等数据信息披露社会责任绩效的程度
报告创新	T5	创新性：包括陈述结构创新、编写创新、形式创新等
	T6	创新有效性：所进行创新对企业有效程度，及在行业推广的可能性
可信度与透明度	T7	利益相关方意见披露程度
	T8	第三方审验程度（全面、深度、原则性、无）
	T9	第三方审验机构权威度
	T10	报告阅读者意见及建议反馈机制的有效性
规范性	T11	报告政策有效性：包括报告时间界限、覆盖范围、发布周期、真实性承诺、参与者与制作者等信息的规范程度
	T12	报告标准性：包括报告标准选取，及与标准对照的明确程度
	T13	报告严肃性：报告报告错别字信息
可获得及信息传递有效性	T14	报告的语言版本充分程度
	T15	报告的可获得渠道，及考虑有特殊需要的人群获取报告的特殊方法
	T16	报告美工设计、排版等对于披露效果的提升程度
	T17	报告数据及信息的图表化、图示化程度

分行业特征指标 i（除综合与其他制造业）（I－score）	
1. 采掘业特征指标	
序号	具体指标
I1	清洁煤技术研发与应用信息
I2	生态环境恢复与治理信息
I3	研发可再生能源或新能源的举措信息
I4	建立防火、防爆管理体系信息
I5	塌陷区预防与治理的制度与措施信息
2. 传统与文化产业特征指标	
I1	通过媒体推进可持续发展的措施信息
I2	传播媒介的环境友好性信息

续表

分行业特征指标 i（除综合与其他制造业）（I－score）	
3. 电力、煤气及水的生产和供应产业特征指标	
I1	指明在哪些方面建立了可持续发展策略（比如，气候变化、社区健康等）信息
I2	灾备保障体系信息
I3	安全事故处理机制信息
I4	确保运输安全的举措信息
I5	环境违规负面信息
4. 电子行业特征指标	
I1	贵金属排放、回收管理信息
I2	贵金属排放、回收量信息
I3	避免土地污染管理信息
I4	固体废弃物、废渣循环利用管理信息
I5	周边生态环境治理信息
5. 房地产行业特征指标	
I1	保障性住房开发政策、制度及措施信息
I2	避免土地闲置政策、制度信息
I3	合规拆迁信息
I4	节约土地资源政策、制度及措施信息
I5	绿色房产开发政策、制度及措施信息
I6	绿色建材使用政策、制度及措施信息
I7	绿色建材使用率信息
I8	废气砖石、原料、土壤等循环利用政策、制度及措施信息
I9	建筑垃圾排放管理信息
I10	建筑垃圾排放量信息
I11	噪音管理的政策、制度及措施信息
I12	光污染管理的政策、制度及措施信息
I13	农民工权益保护信息
6. 纺织、服装、皮毛制造业行业特征指标	
I1	关注动物福利信息
I2	危险化学品的仓储、使用管理信息
I3	提供特殊条件作业津贴信息
I4	环保工艺设备的研发与应用信息
I5	低碳面料的研发与使用信息

续表

分行业特征指标 i（除综合与其他制造业）（I－score）	
7. 机械、设备、仪表制造业行业特征指标	
I1	化学危险品管理信息
I2	固体废弃物、废渣循环利用制度、措施信息
I3	产品回收机制信息
I4	包装降耗制度、措施信息
I5	产品设计过程中考虑产品安全因素信息
I6	产品召回机制信息
8. 建筑行业特征指标	
I1	工程交验合格率信息
I2	建筑企业资质等级信息
I3	工程责任分包信息
I4	农民工权益保护信息
I5	绿色建材使用政策、制度及措施信息
I6	绿色建材使用率信息
I7	提高建筑物能率设计或技术的研发和推广信息
I8	拆建物料循环和再使用政策、制度及措施信息
I9	拆建物料循环和再使用信息
I10	在工程建设中保护自然栖息地、湿地、森林、野生动物廊道、农业用地信息
9. 金融保险行业特征指标	
I1	应用于业务活动的具体环境和社会政策信息
I2	在业务中评估与监控环境和社会风险的程序信息
I3	旨在评估环境和社会政策以及风险评估执行情况的审计的覆盖范围和频率信息
I4	金融产品与服务的公平设计和销售的政策信息
I5	产品服务信息合规披露与宣传信息
I6	反洗钱机制与绩效信息
10. 交通运输仓储行业特征指标	
I1	确保产品与服务的安全性信息
I2	包装降耗举措信息
I3	用于管理环境影响的政策和程序，包括（1）可持续运输方面的措施（如混合动力汽车）；（2）运输形态转换（将运输形态转换为等量运输情况下能源消耗率较低的大量运输（海运、铁路））；（3）运输路径规划等信息
I4	使用可再生能源和提高能源使用效率的措施信息

续表

分行业特征指标 i（除综合与其他制造业）（I - score）	
10. 交通运输仓储行业特征指标	
I5	噪声管理的政策、制度及措施信息
I6	节能环保交通工具的采购与使用信息
I7	退役交通工具的处理信息
11. 金属非金属制造业行业特征指标	
I1	化学危险品管理信息
I2	废水循环利用制度、措施信息
I3	废气循环利用制度、措施信息
I4	固体废弃物、废渣循环利用制度、措施信息
I5	余能、余热循环利用制度、措施信息
I6	SO_2 排放量及减排量信息
I7	氮氧化物排放量及减排量信息
I8	烟粉尘排放量及减排量信息
I9	COD 排放量及减排量信息
I10	环境保护负面信息
I11	周边生态环境治理信息
I12	在工程建设中保护自然栖息地、湿地、森林、野生动物廊道、农地用地信息
I13	生产噪声治理信息
12. 木材家具制造业行业特征指标	
I1	减少化学品使用信息
I2	降低甲醛等有害物质挥发信息
I3	环保认证信息
I4	林业可持续发展应对信息
I5	可回收原材料采用信息
I6	原材料回收、再利用信息
I7	废料与废弃物的处理机制信息
I8	包装减量化与包装回收再利用信息
13. 农林牧副渔业行业特征	
I1	确保食品安全制度及措施信息
I2	关注动物福利信息
I3	保护耕地政策、制度及措施信息
I4	家畜粪便、肥料和农药等管理信息

续表

分行业特征指标 i（除综合与其他制造业）（I - score）	
13. 农林牧副渔业行业特征	
I5	生态农业、多功能农业、再生农业的技术研发与应用信息
I6	支持农业机械技术、化学与生物技术创新的制度及措施信息
I7	减少农药、化学品使用的制度、措施信息
14. 批发、零售贸易业行业特征指标	
I1	确保公平贸易的制度及措施信息
I2	产品信息披露合规信息
I3	问题产品处理机制信息
I4	仓储物流中的能源节约措施信息
I5	仓储物流中的能源节约量信息
I6	包装减量化与包装物回收再利用信息
15. 社会服务业行业特征指标	
I1	确保提供优质服务的制度及措施信息
I2	特殊人员服务信息
I3	确保服务安全与合规举措信息
I4	确保资费透明举措信息
16. 石油、化学、塑料行业特征指标	
I1	化学危险品管理信息
I2	废水循环利用制度、措施信息
I3	废气循环利用制度、措施信息
I4	固体废弃物、废渣循环利用制度、措施信息
I5	余能、余热循环利用制度、措施信息
I6	COD 排放量与减排量信息
I7	有毒废弃物管理信息
I8	有毒废弃物排放量及减排量信息
I9	重大化学品泄漏事故信息
I10	产品及包装材料回收政策信息
I11	产品及包装材料回收量信息
17. 食品饮料行业特征指标	
I1	经由第三方认证符合国际通行食品安全管理体系标准的厂房生产出的产品比例信息
I2	食品安全事故应急机制信息
I3	问题食品处理机制信息

续表

分行业特征指标 i（除综合与其他制造业）（I – score）	
17. 食品饮料行业特征指标	
I4	对供应商进行原材料安全卫生控制信息
I5	产品标签、广告宣传合规信息
I6	包装减量及包装物回收再利用信息
18. 信息技术行业特征指标	
I1	技术创新机制与成果信息
I2	服务创新机制与成果信息
I3	信息发布和退出充分考虑权益人权益信息
19. 医药生物制品行业特征指标	
I1	规范产品信息说明信息
I2	研发管理信息
I3	临床实验管理信息
I4	新药研发数据信息
I5	产品事故应急机制信息
I6	关注社区健康信息
I7	化学危险品管理信息
I8	易挥发有机化合物管理信息
I9	硫化物排放量与减排量信息
I10	易挥发性有机物排放量与减排量信息
I11	COD 排放量与减排量信息
I12	药品回收机制信息
I13	药品回收量信息
I14	关注动物福利信息
20. 制造行业特征指标	
I1	防水防火措施信息
I2	支持可持续林业的政策、制度及举措信息
I3	化学危险品管理信息
I4	废水循环利用制度、举措信息
I5	固体废弃物、废渣循环利用制度、措施信息

附表 A2 美国企业社会责任数据库——MSCI ESG STATS KLD 评级体系

内容	优势	劣势
社区服务	慈善捐赠 创新方面的支持 非美国地区的慈善捐赠 住房供给支持 教育支持 本地居民关系 志愿者项目 其他优势	有争议的投资 负面的经济影响 本地居民关系 税收争议 其他劣势
多样性	首席执行官个人升迁 董事会成员的结构 女性和中小股东的合约 残疾人雇佣 同性恋雇员的相关政策 其他优势	争议（如罚款） 非代表性 其他劣势
员工关系	工会关系 无裁员政策 现金利润分享计划 员工参与计划 退休员工保障 员工健康和安全保障	工会关系 员工健康和安全保障的缺失 裁减员工 退休员工保障的缺失 其他劣势
环境方面	环境友好型产品和服务 污染防御措施 资源循环再利用 清洁能源 环境沟通机制 财产、厂房和设备 管理体系 其他优势	有害废物 环境监管上存在的问题 消耗臭氧层的化学品 有害气体大量排放 农业化学品 温度变化 其他劣势

续表

内容	优势	劣势
产品特性	产品质量 研发和创新投入 经济层面的损失所带来的好处 其他优势	产品安全隐患 市场营销隐患 反垄断 其他隐患
人权问题	在南非问题上的正面反馈 与本土居民关系的优势 劳动权利方面的优势 其他优势	在南非问题上的隐患 在北爱尔兰问题上的隐患 在缅甸问题上的隐患 在墨西哥问题上的隐患 劳动权利方面的隐患 与本土居民关系的隐患 其他隐患

注：该评级体系包括 13 个企业社会责任方面的指标，具体可以分为两大类指标：一大类是 7 个可量化问题的指标，每个指标分别涵盖了若干个优势方面和劣势方面；另一大类是 6 个排他性的有争议行业：酒、赌博、枪炮、军事、核能和烟草行业，与第一大类指标不同的是，此类指标只衡量行业内关于企业社会责任的劣势方面。已有文献指出 KLD 体系中第一大类的公司治理指标，主要包括了高管津贴、所有权、税收减免和其他问题，与传统金融学中的公司治理概念有很大不同，所以，本书在衡量 KLD 企业社会责任指标时，不包括公司治理指标。

附表 A3　中国企业社会责任相关法律法规和准则资料汇编（选列）

时间	制度/准则	主要内容
2002 年 1 月	《上市公司治理准则》	由中国证监会和国家经贸委联合发布，要求上市公司在保持公司持续发展、实现股东利益最大化的同时，应关注所在社区的福利、环境保护、公益事业等问题，重视公司的社会责任
2005 年 10 月 27 日	《中华人民共和国公司法》（2005 修订）	第五条规定："公司从事经营活动，必须遵守法律、行政法规，遵守社会公德、商业道德，诚实守信，接受政府和社会公众的监督，承担社会责任。"第十七条规定："公司必须保护职工的合法权益，依法与职工签订劳动合同，参加社会保险，加强劳动保护，实现安全生产。公司应当采用多种形式，加强公司职工的职业教育和岗位培训，提高职工素质。"

续表

时间	制度/准则	主要内容
2006 年 9 月 25 日	《上市公司社会责任指引》	指出上市公司社会责任是指上市公司对国家和社会的全面发展、自然环境和资源，以及股东、债权人、职工、客户、消费者、供应商、社区等利益相关方所应承担的责任。要求公司应按照本指引要求，积极履行社会责任，定期评估公司社会责任的履行情况，自愿披露公司社会责任报告
2007 年 12 月 5 日	《中国银监会办公厅关于加强银行业金融机构社会责任的意见》	银行业金融机构的企业社会责任至少包括：维护股东合法权益、公平对待所有股东；以人为本，重视和保护员工的合法权益；诚信经营，维护金融消费者合法权益；反不正当竞争，反商业贿赂，反洗钱，营造良好市场竞争秩序；节约资源，保护和改善自然生态环境；改善社区金融服务，促进社区发展；关心社会发展，支持社会公益事业
2008 年 1 月 4 日	《关于中央企业履行社会责任的指导意见》	把企业社会责任确立为中央政府在实现经济和社会发展目标过程中的一个关键手段，要求国有企业借鉴外国企业的经验，积极参与有关企业社会责任标准的国际对话
2008 年 5 月 14 日	《上海证券交易所上市公司环境信息披露指引》	指出，公司可以根据自身特点拟定年度社会责任报告的具体内容，但报告至少应包括如下方面：公司在促进社会可持续发展方面的工作；公司在促进环境及生态可持续发展方面的工作；公司在促进经济可持续发展方面的工作
2008 年 5 月 14 日	《上海证券交易所上市公司环境信息披露指引》	规定三类上市公司必须定期披露企业社会责任报告，包括公司治理板块样本的公司、在境外有发行外资股的公司和金融类的公司，并鼓励其他公司进行企业社会责任报告披露
2009 年 1 月	《中国银行业金融机构企业社会责任指引》	适用于吸纳存款机构和其他类型的金融机构

续表

时间	制度/准则	主要内容
2009年10月15日	《深圳证券交易所创业板上市公司规范运作指引》	社会责任报告的内容至少应包括：（1）关于职工保护、环境污染、商品质量、社区关系等方面的社会责任制度的建设和执行情况；（2）社会责任履行状况是否与本指引存在差距及原因说明；（3）改进措施和具体时间安排
2010年7月28日	《深圳证券交易所主板上市公司规范运作指引》	社会责任报告的内容至少应包括：（1）关于职工保护、环境污染、商品质量、社区关系等方面的社会责任制度的建设和执行情况；（2）履行社会责任存在的问题和不足、与本指引存在差距及原因说明；（3）改进措施和具体时间安排
2010年7月28日	《深圳证券交易所中小企业上市公司规范运作指引》	社会责任报告的内容至少应包括：（1）关于职工保护、环境污染、商品质量、社区关系等方面的社会责任制度的建设和执行情况；（2）履行社会责任存在的问题和不足、与本指引存在差距及原因说明；（3）改进措施和具体时间安排
2015年1月1日	《中华人民共和国环境保护法》	第五十五条要求："重点排污单位应当如实向社会公开其主要污染物的名称、排放方式、排放浓度和总量、超标排放情况，以及防治污染设施的建设和运行情况，接受社会监督。"

参考文献

[1] 李正，向锐．中国企业社会责任信息披露的内容界定，计量方法和现状研究［J］．会计研究，2007（7）：3－11.

[2] 卢代富．企业社会责任的经济学与法学分析［M］．法律出版社，2002.

[3] 沈洪涛，沈艺峰．公司社会责任思想：起源与演变［M］．上海人民出版社，2007.

[4] 沈洪涛．公司特征与公司社会责任信息披露——来自我国上市公司的经验证据［J］．会计研究，2007（3）：9－16.

[5] 袁家方．企业社会责任［M］．海洋出版社，1990.

[6] Abbott W F, Monsen R J. On the Measurement of Corporate Social Responsibility: Self-reported Disclosures as a Method of Measuring Corporate Social Involvement [J]. Academy of Management Journal, 1979, 22 (3): 501－515.

[7] Aguilera R V, Rupp D E, Williams C A, et al. Putting the S Back in Corporate Social Responsibility: A Multilevel Theory of Social Change in Organizations [J]. Academy of Management Review, 2007, 32 (3): 836－863.

[8] Aguinis H, Glavas A. What We Know and Don't Know About Corporate Social Responsibility: A Review and Research Agenda [J]. Journal of Management, 2012, 38 (4): 932－968.

[9] Ahlstrom D, Bruton G D, Lui S S Y. Navigating China's Changing Economy: Strategies for Private Firms [J]. Business Horizons, 2000, 43 (1): 5－5.

[10] Akins B, Li L, Ng J, et al. Bank Competition and Financial Stability: Evidence from the Financial Crisis [J]. Journal of Financial and Quantitative Analysis, 2016, 51 (1): 1－28.

[11] Alam M S, Atif M, Chien－Chi C, et al. Does Corporate R&D Investment Affect Firm Environmental Performance? Evidence from G－6 Countries [J]. Energy

Economics, 2019, 78: 401 - 411.

[12] Altman E I. Financial Ratios, Discriminant Analysis and the Prediction of Corporate Bankruptcy [J]. The Journal of Finance, 1968, 23 (4): 589 - 609.

[13] Amihud Y. Illiquidity and Stock Returns: Cross-section and Time-series Effects [J]. Journal of Financial Markets, 2002, 5 (1): 31 - 56.

[14] Andreou P C, Karasamani I, Louca C, et al. The Impact of Managerial Ability on Crisis-period Corporate Investment [J]. Journal of Business Research, 2017, 79: 107 - 122.

[15] Arslan - Ayaydin Ö, Thewissen J. The Financial Reward for Environmental Performance in the Energy Sector [J]. Energy & Environment, 2016, 27 (3 - 4): 389 - 413.

[16] Bartels R. A model for Ethics in Marketing [J]. Journal of Marketing, 1967, 31 (1): 20 - 26.

[17] Bassen A, Prigge S, Zöllner C. Behind Broad Corporate Governance Aggregates: A First Look at Single Provisions of the German Corporate Governance Code [J]. Corporate Ownership & Control, 2009, 6 (3): 388 - 406.

[18] Bergstresser D, Philippon T. CEO Incentives and Earnings Management [J]. Journal of Financial Economics, 2006, 80 (3): 511 - 529.

[19] Berk I, Rauch J. Regulatory Interventions in the US Oil and Gas Sector: How do the Stock Markets Perceive the CFTC's Announcements During the 2008 Financial Crisis? [J]. Energy Economics, 2016, 54: 337 - 348.

[20] Bertrand M, Schoar A. Managing with Style: The Effect of Managers on Firm Policies [J]. The Quarterly Journal of Economics, 2003, 118 (4): 1169 - 1208.

[21] Bocquet R, Le Bas C, Mothe C, et al. CSR, Innovation, and Firm Performance in Sluggish Growth Contexts: A Firm-level Empirical Analysis [J]. Journal of Business Ethics, 2017, 146 (1): 241 - 254.

[22] Boutin - Dufresne F, Savaria P. Corporate Social Responsibility and Financial Risk [J]. The Journal of Investing, 2004, 13 (1): 57 - 66.

[23] Brockhoff K. Forecasting Quality and Information [J]. Journal of Forecas-

ting, 1984, 3 (4): 417 -428.

[24] Bushee B J. The Influence of Institutional Investors on Myopic R&D Investment Behavior [J]. Accounting Review, 1998: 305 -333.

[25] Cai Y, Jo H, Pan C. Vice or virtue? The Impact of Corporate Social Responsibility on Executive Compensation [J]. Journal of Business Ethics, 2011, 104 (2): 159 -173.

[26] Callen J L, Khan M, Lu H. Accounting Quality, Stock Price Delay, and Future Stock Returns [J]. Contemporary Accounting Research, 2013, 30 (1): 269 -295.

[27] Camara A, Popova I, Simkins B. A Comparative Study of the Probability of Default for Global Financial Firms [J]. Journal of Banking & Finance, 2012, 36 (3): 717 -732.

[28] Camara A. A Generalization of the Brennan - Rubinstein Approach for the Pricing of Derivatives [J]. The Journal of Finance, 2003, 58 (2): 805 -819.

[29] Carmeli A, Gilat G, Waldman D A. The Role of Perceived Organizational Performance in Organizational Identification, Adjustment and Job Performance [J]. Journal of Management Studies, 2007, 44 (6): 972 -992.

[30] Carroll A B. Corporate Performance [J]. Academy of Management Review, 1979, 4 (4): 497 -505.

[31] Cespa G, Cestone G. Corporate Social Responsibility and Managerial Entrenchment [J]. Journal of Economics & Management Strategy, 2007, 16 (3): 741 -771.

[32] Chang Y Y, Dasgupta S, Hilary G. CEO Ability, Pay, and Firm Performance [J]. Management Science, 2010, 56 (10): 1633 -1652.

[33] Chemmanur T J, Paeglis I, Simonyan K. Management Quality and Equity Issue Characteristics: A comparison of SEOs and IPOs [J]. Financial Management, 2010, 39 (4): 1601 -1642.

[34] Chemmanur T J, Paeglis I. Management Quality, Certification, and Initial Public Offerings [J]. Journal of Financial Economics, 2005, 76 (2): 331 -368.

[35] Cheng B, Ioannou I, Serafeim G. Corporate Social Responsibility and Ac-

cess to Finance [J]. Strategic Management Journal, 2014, 35 (1): 1 -23.

[36] Cheng Q, Warfield T D. Equity Incentives and Earnings Management [J]. The Accounting Review, 2005, 80 (2): 441 -476.

[37] Chen Y, Rhee S G, Veeraraghavan M, et al. Stock Liquidity and Managerial Short-termism [J]. Journal of Banking & Finance, 2015, 60: 44 -59.

[38] Chih H L, Shen C H, Kang F C. Corporate Social Responsibility, Investor Protection, and Earnings Management: Some International Evidence [J]. Journal of Business Ethics, 2008, 79 (1 -2): 179 -198.

[39] Chin M K, Hambrick D C, Treviño L K. Political Ideologies of CEOs: The Influence of Executives' Values on Corporate Social Responsibility [J]. Administrative Science Quarterly, 2013, 58 (2): 197 -232.

[40] Choi B B, Lee D, Park Y. Corporate Social Responsibility, Corporate Governance and Earnings Quality: Evidence from Korea [J]. Corporate Governance: An International Review, 2013, 21 (5): 447 -467.

[41] Choi J J, Park S W, Yoo S S. The Value of Outside Directors: Evidence from Corporate Governance Reform in Korea [J]. Journal of Financial and Quantitative Analysis, 2007, 42 (4): 941 -962.

[42] Choi T H, Pae J. Business Ethics and Financial Reporting Quality: Evidence from Korea [J]. Journal of Business Ethics, 2011, 103 (3): 403 -427.

[43] Cho S Y, Lee C, Pfeiffer Jr R J. Corporate Social Responsibility Performance and Information Asymmetry [J]. Journal of Accounting and Public Policy, 2013, 32 (1): 71 -83.

[44] Christodoulakis G A, Mamatzakis E C. An Assessment of the EU Growth Forecasts under Asymmetric Preferences [J]. Journal of Forecasting, 2008, 27 (6): 483 -492.

[45] Cohen D A, Zarowin P. Accrual-based and Real Earnings Management Activities Around Seasoned Equity Offerings [J]. Journal of Accounting and Economics, 2010, 50 (1): 2 -19.

[46] Cohen J, Holder -Webb L, Nath L, et al. Retail Investors' Perceptions of the Decision-usefulness of Economic Performance, Governance, and Corporate Social

Responsibility Disclosures [J]. Behavioral Research in Accounting, 2011, 23 (1): 109 - 129.

[47] Cornell B, Shapiro A C. Corporate Stakeholders and Corporate Finance [J]. Financial Management, 1987: 5 - 14.

[48] Cui J, Jo H, Na H. Does Corporate Social Responsibility Affect Information Asymmetry? [J]. Journal of Business Ethics, 2018, 148 (3): 549 - 572.

[49] Czarnitzki D, Kraft K. Are Credit Ratings Valuable Information? [J]. Applied Financial Economics, 2007, 17 (13): 1061 - 1070.

[50] Davies R, Haldane A G, Nielsen M, et al. Measuring the Costs of Short-termism [J]. Journal of Financial Stability, 2014, 12: 16 - 25.

[51] Dechow P M, Dichev I D. The Quality of Accruals and Earnings: The Role of Accrual Estimation Errors [J]. The Accounting Review, 2002, 77 (s - 1): 35 - 59.

[52] Demerjian P, Lev B, McVay S. Quantifying Managerial Ability: A New Measure and Validity Tests [J]. Management Science, 2012, 58 (7): 1229 - 1248.

[53] Demerjian P R, Lev B, Lewis M F, et al. Managerial Ability and Earnings Quality [J]. The Accounting Review, 2012, 88 (2): 463 - 498.

[54] Deng X, Kang J, Low B S. Corporate Social Responsibility and Stakeholder Value Maximization: Evidence from Mergers [J]. Journal of Financial Economics, 2013, 110 (1): 87 - 109.

[55] Dhaliwal D S, Li O Z, Tsang A, et al. Voluntary Nonfinancial Disclosure and the Cost of Equity Capital: The Initiation of Corporate Social Responsibility Reporting [J]. The Accounting Review, 2011, 86 (1): 59 - 100.

[56] Dhaliwal D S, Radhakrishnan S, Tsang A, et al. Nonfinancial Disclosure and Analyst Forecast Accuracy: International Evidence on Corporate Social Responsibility Disclosure [J]. The Accounting Review, 2012, 87 (3): 723 - 759.

[57] Diebold F X, Mariano R S. Comparing Predictive Accuracy [J]. Journal of Business & Economic Statistics, 2002, 20 (1): 134 - 144.

[58] Dowell G, Hart S, Yeung B. Do Corporate Global Environmental Standards Create or Destroy Market Value? [J]. Management Science, 2000, 46 (8): 1059 - 1074.

[59] Durand R B, Koh S K, Tan P L J. The Price of Sin in the Pacific - Basin [J]. Pacific - Basin Finance Journal, 2013, 21 (1): 899 - 913.

[60] Du S, Swaen V, Lindgreen A, et al. The Roles of Leadership Styles in Corporate Social Responsibility [J]. Journal of Business Ethics, 2013, 114 (1): 155 - 169.

[61] Ekici A, Onsel S. How Ethical Behavior of Firms is Influenced by the Legal and Political Environments: A Bayesian Causal Map Analysis Based on Stages of Development [J]. Journal of Business Ethics, 2013, 115 (2): 271 - 290.

[62] El Ghoul S, Guedhami O, Kwok C C Y, et al. Does Corporate Social Responsibility Affect the Cost of Capital? [J]. Journal of Banking & Finance, 2011, 35 (9): 2388 - 2406.

[63] Elhauge E. Sacrificing Corporate Profits in the Public Interest [J]. NyUL Rev., 2005, 80: 733.

[64] Fama E F, MacBeth J D. Risk, Return, and Equilibrium: Empirical Tests [J]. Journal of Political Economy, 1973, 81 (3): 607 - 636.

[65] Fang J, Li W, Li Y. What Drives Corporate Charitable Contributions, Market Forces, Government Influences, or Political Goodwill? Evidence from China [C] //CAAA Annual Conference. 2011.

[66] Fazio D M, Tabak B M, Cajueiro D O. Inflation Targeting: Is IT to Blame for Banking System Instability? [J]. Journal of Banking & Finance, 2015, 59: 76 - 97.

[67] Feldman S J, Soyka P A, Ameer P G. Does Improving a Firm's Environmental Management System and Environmental Performance Result in a Higher Stock Price? [J]. The Journal of Investing, 1997, 6 (4): 87 - 97.

[68] Fisman R, Heal G, Nair V. A Model of Corporate Philanthropy [J]. Columbia University and University of Pennsylvania, 2006.

[69] Francis J, Nanda D, Olsson P. Voluntary Disclosure, Earnings Quality, and Cost of Capital [J]. Journal of Accounting Research, 2008, 46 (1): 53 - 99.

[70] Freeman R E. Strategic Management: A Stakeholder Approach [M]. Cambridge University Press, 2010.

[71] Friedman M. A Friedman Doctrine: The Social Responsibility of Business is to Increase its Profits [J]. The New York Times Magazine, 1970, 13 (1970): 32 - 33.

[72] Gao Y. Corporate social performance in China: Evidence from Large Companies [J]. Journal of Business Ethics, 2009, 89 (1): 23 - 35.

[73] Gelb D S, Strawser J A. Corporate Social Responsibility and Financial Disclosures: An Alternative Explanation for Increased Disclosure [J]. Journal of Business Ethics, 2001, 33 (1): 1 - 13.

[74] Giroud X, Mueller H M. Corporate Governance, Product Market Competition, and Equity Prices [J]. The Journal of Finance, 2011, 66 (2): 563 - 600.

[75] Godos - Díez J L, Fernández - Gago R, Martínez - Campillo A. How Important are CEOs to CSR Practices? An Analysis of the Mediating Effect of the Perceived Role of Ethics and Social Responsibility [J]. Journal of Business Ethics, 2011, 98 (4): 531 - 548.

[76] Gong Y, Ho K C, Lo C C, et al. Forecasting Price Delay and Future Stock Returns: The Role of Corporate Social Responsibility [J]. Journal of Forecasting, 2019, 38 (4): 354 - 373.

[77] Gong Y, Ho K C. Corporate Social Responsibility and Managerial Short-termism [J]. Asia - Pacific Journal of Accounting & Economics, 2018: 1 - 27.

[78] Gong Y J, Ho K H. How does Corporate Social Responsibility Affect Stock Price Delay in China [R]. Working Paper. 2016, Unpublished Work, 2016.

[79] Goss A, Roberts G S. The Impact of Corporate Social Responsibility on the Cost of Bank Loans [J]. Journal of Banking & Finance, 2011, 35 (7): 1794 - 1810.

[80] Graham J R, Harvey C R, Rajgopal S. The Economic Implications of Corporate Financial Reporting [J]. Journal of Accounting and Economics, 2005, 40 (1 - 3): 3 - 73.

[81] Greening D W, Turban D B. Corporate Social Performance as a Competitive Advantage in Attracting a Quality Workforce [J]. Business & Society, 2000, 39 (3): 254 - 280.

[82] Harvey D I, Leybourne S J, Newbold P. Tests for Forecast Encompassing [J]. Journal of Business & Economic Statistics, 1998, 16 (2): 254 - 259.

[83] Healy P M, Wahlen J M. A review of the Earnings Management Literature and its Implications for Standard Setting [J]. Accounting Horizons, 1999, 13 (4): 365 - 383.

[84] Heilemann U. Increasing the Transparency of Macroeconometric Forecasts: A Report from the Trenches [J]. International Journal of Forecasting, 2002, 18 (1): 85 - 105.

[85] Hillman A J, Keim G D. Shareholder Value, Stakeholder Management, and Social Issues: What's the Bottom Line? [J]. Strategic Management Journal, 2001, 22 (2): 125 - 139.

[86] Hirshleifer D. Residual Risk, Trading Costs, and Commodity Futures Risk Premia [J]. The Review of Financial Studies, 1988, 1 (2): 173 - 193.

[87] Hong H, Kacperczyk M. The Price of Sin: The Effects of Social Norms on Markets [J]. Journal of Financial Economics, 2009, 93 (1): 15 - 36.

[88] Hong Y, Andersen M L. The Relationship between Corporate Social Responsibility and Earnings Management: An Exploratory Study [J]. Journal of Business Ethics, 2011, 104 (4): 461 - 471.

[89] Ho S S M, Li A Y, Tam K, et al. Ethical Image, Corporate Social Responsibility, and R&D Valuation [J]. Pacific - Basin Finance Journal, 2016, 40: 335 - 348.

[90] Hou K, Moskowitz T J. Market Frictions, Price Delay, and the Cross-section of Expected Returns [J]. The Review of Financial Studies, 2005, 18 (3): 981 - 1020.

[91] Hou K, Robinson D T. Industry Concentration and Average Stock Returns [J]. The Journal of Finance, 2006, 61 (4): 1927 - 1956.

[92] Hsu F J, Chen Y C. Is a Firm's Financial Risk Associated with Corporate Social Responsibility? [J]. Management Decision, 2015, 53 (9): 2175 - 2199.

[93] Hughey C J, Sulkowski A J. More Disclosure = Better CSR Reputation? An Examination of CSR Reputation Leaders and Laggards in the Global Oil & Gas Industry

[J]. Journal of Academy of Business and Economics, 2012, 12 (2): 24 -34.

[94] Hull C E, Rothenberg S. Firm Performance: The Interactions of Corporate Social Performance with Innovation and Industry Differentiation [J]. Strategic Management Journal, 2008, 29 (7): 781 -789.

[95] Hur W M, Kim H, Woo J. How CSR Leads to Corporate Brand Equity: Mediating Mechanisms of Corporate Brand Credibility and Reputation [J]. Journal of Business Ethics, 2014, 125 (1): 75 -86.

[96] Ioannou I, Serafeim G. The Impact of Corporate Social Responsibility on Investment Recommendations: Analysts' Perceptions and Shifting Institutional Logics [J]. Strategic Management Journal, 2015, 36 (7): 1053 -1081.

[97] Jensen M C, Meckling W H. Theory of the Firm: Managerial Behavior, Agency Costs and Ownership Structure [J]. Journal of Financial Economics, 1976, 3 (4): 305 -360.

[98] Jiao Y. Stakeholder Welfare and Firm Value [J]. Journal of Banking & Finance, 2010, 34 (10): 2549 -2561.

[99] Jiraporn P, Jiraporn N, Boeprasert A, et al. Does Corporate Social Responsibility (CSR) Improve Credit Ratings? Evidence from Geographic Identification [J]. Financial Management, 2014, 43 (3): 505 -531.

[100] Jo H, Harjoto M A. Corporate Governance and Firm Value: The Impact of Corporate Social Responsibility [J]. Journal of Business Ethics, 2011, 103 (3): 351 -383.

[101] Jo H, Harjoto M A. The Causal Effect of Corporate Governance on Corporate Social Responsibility [J]. Journal of Business Ethics, 2012, 106 (1): 53 -72.

[102] Jones C, Slezak S L. The Theoretical Implications of Asymmetric Information on the Dynamic and Cross-sectional Characteristics of Asset Returns [J]. Manuscript. Chapel Hill: Univ. North Carolina, 1999.

[103] Kang J, Liu M H, Ni S X. Contrarian and Momentum Strategies in the China Stock Market: 1993 - 2000 [J]. Pacific - Basin Finance Journal, 2002, 10 (3): 243 -265.

[104] Kaplan S N, Klebanov M M, Sorensen M. Which CEO Characteristics

and Abilities Matter? [J]. The Journal of Finance, 2012, 67 (3): 973 - 1007.

[105] Kelsey D, Kozhan R, Pang W. Asymmetric Momentum Effects under Uncertainty [J]. Review of Finance, 2010, 15 (3): 603 - 631.

[106] Kim Y, Park M S, Wier B. Is Earnings Quality Associated with Corporate Social Responsibility? [J]. The Accounting Review, 2012, 87 (3): 761 - 796.

[107] Koester A, Shevlin T, Wangerin D. The Role of Managerial Ability in Corporate Tax Avoidance [J]. Management Science, 2016, 63 (10): 3285 - 3310.

[108] Laeven L, Levine R. Bank Governance, Regulation and Risk Taking [J]. Journal of Financial Economics, 2009, 93 (2): 259 - 275.

[109] Lee C C, Wang C W, Chiu W C, et al. Managerial Ability and Corporate Investment Opportunity [J]. International Review of Financial Analysis, 2018, 57: 65 - 76.

[110] Lee D D, Faff R W. Corporate Sustainability Performance and Idiosyncratic Risk: A Global Perspective [J]. Financial Review, 2009, 44 (2): 213 - 237.

[111] Lin J C, Singh A K, Sun P W S, et al. Price Delay Premium and Liquidity Risk [J]. Journal of Financial Markets, 2014, 17: 150 - 173.

[112] Lins K V, Servaes H, Tamayo A. Social Capital, Trust, and Firm Performance: The Value of Corporate Social Responsibility During the Financial Crisis [J]. The Journal of Finance, 2017, 72 (4): 1785 - 1824.

[113] Liu W. A liquidity-augmented Capital Asset Pricing Model [J]. Journal of Financial Economics, 2006, 82 (3): 631 - 671.

[114] Li W, Zhang R. Corporate Social Responsibility, Ownership Structure, and Political Interference: Evidence from China [J]. Journal of Business Ethics, 2010, 96 (4): 631 - 645.

[115] Li Y, Ferguson J, Foo C T. A Sociological Theory of Corporate Finance [J]. Chinese Management Studies, 2015.

[116] Li Y, Zhang J, Foo C T. Towards a Theory of Social Responsibility Reporting: Empirical Analysis of 613 CSR Reports by Listed Corporations in China [J]. Chinese Management Studies, 2013, 7 (4): 519 - 534.

[117] Lo S F, Sheu H J. Is Corporate Sustainability a Value - Increasing Strategy

for Business? [J]. Corporate Governance: An International Review, 2007, 15 (2): 345 - 358.

[118] Lucchetti R. Inconsistency of naive GMM Estimation for QR Models with Endogenous Regressors [J]. Economics Letters, 2002, 75 (2): 179 - 185.

[119] Luo X, Bhattacharya C B. Corporate Social Responsibility, Customer Satisfaction, and Market Value [J]. Journal of Marketing, 2006, 70 (4): 1 - 18.

[120] Luo X, Zhang J. Institutional or Instrumental: What Affects Corporate Social Responsibility Behavior in Emerging Economies? [C] //Academy of Management Proceedings. Briarcliff Manor, NY 10510: Academy of Management, 2009, 2009 (1): 1 - 6.

[121] Lys T, Naughton J P, Wang C. Signaling Through Corporate Accountability Reporting [J]. Journal of Accounting and Economics, 2015, 60 (1): 56 - 72.

[122] Manner M H. The impact of CEO Characteristics on Corporate Social Performance [J]. Journal of Business Ethics, 2010, 93 (1): 53 - 72.

[123] McCarthy S, Oliver B, Song S. Corporate Social Responsibility and CEO Confidence [J]. Journal of Banking & Finance, 2017, 75: 280 - 291.

[124] Mcwilliams, A., Siegel, D. S. Corporate Social Responsibility and Financial Performance: Correlation or Misspecification? [J]. Strategic Management Journal, 2000, 21 (5): 603 - 609.

[125] Merton R C. A Simple Model of Capital Market Equilibrium with Incomplete Information [J]. The Journal of Finance, 1987, 42 (3): 483 - 510.

[126] Miller E M. Risk, Uncertainty, and Divergence of Opinion [J]. The Journal of Finance, 1977, 32 (4): 1151 - 1168.

[127] Muller A, Kolk A. CSR Performance in Emerging Markets Evidence from Mexico [J]. Journal of Business Ethics, 2009, 85 (2): 325 - 337.

[128] Nazlioglu S, Soytas U, Gupta R. Oil Prices and Financial Stress: A Volatility Spillover Analysis [J]. Energy Policy, 2015, 82: 278 - 288.

[129] Newey W K, West K D. A Simple, Positive Semi-definite, Heteroskedasticity and Autocorrelationconsistent Covariance Matrix [J]. Econometrica: Journal of the Econometric Society, 1987: 703 - 708.

[130] Ng J. The Effect of Information Quality on Liquidity Risk [J]. Journal of Accounting and Economics, 2011, 52 (2-3): 126-143.

[131] Næs R, Skjeltorp J A, Ødegaard B A. Stock Market Liquidity and the Business Cycle [J]. The Journal of Finance, 2011, 66 (1): 139-176.

[132] Pan L H, Lin C T, Lee S C, et al. Information Ratings and Capital Structure [J]. Journal of Corporate Finance, 2015, 31: 17-32.

[133] Pan Y, Wang T Y, Weisbach M S. Learning About CEO Ability and Stock Return Volatility [J]. The Review of Financial Studies, 2015, 28 (6): 1623-1666.

[134] Peng M W, Luo Y. Managerial Ties and Firm Performance in a Transition Economy: The Nature of a Micro-macro Link [J]. Academy of Management Journal, 2000, 43 (3): 486-501.

[135] Perrini F, Russo A, Tencati A, et al. Deconstructing the Relationship between Corporate Social and Financial Performance [J]. Journal of Business Ethics, 2011, 102 (1): 59-76.

[136] Petrenko O V, Aime F, Ridge J, et al. Corporate Social Responsibility or CEO Narcissism? CSR Motivations and Organizational Performance [J]. Strategic Management Journal, 2016, 37 (2): 262-279.

[137] Pham M C, Duong H N, Lajbcygier P. A Comparison of the Forecasting Ability of Immediate Price Impact Models [J]. Journal of Forecasting, 2017, 36 (8): 898-918.

[138] Porter M E. Capital Disadvantage: America's Failing Capital Investment System [J]. Harvard Business Review, 1992, 70 (5): 65-82.

[139] Prior D, Surroca J, Tribó J A. Are Socially Responsible Managers Really Ethical? Exploring the Relationship between Earnings Management and Corporate Social Responsibility [J]. Corporate Governance: An International Review, 2008, 16 (3): 160-177.

[140] Pätäri S, Arminen H, Tuppura A, et al. Competitive and Responsible? The Relationship between Corporate Social and Financial Performance in the Energy Sector [J]. Renewable and Sustainable Energy Reviews, 2014, 37: 142-154.

[141] Pätäri S, Jantunen A, Kyläheiko K, et al. Does Sustainable Development Foster Value Creation? Empirical Evidence from the Global Energy Industry [J]. Corporate Social Responsibility and Environmental Management, 2012, 19 (6): 317 - 326.

[142] Qian, M., Sun, P. W., Yu, B. Managerial Structure and Stock Price Delay in China [J]. Pacific - Basin Financial Journal, 2018, 47: 20 - 38.

[143] Qian C, Gao X, Tsang A. Corporate Philanthropy, Ownership Type, and Financial Transparency [J]. Journal of Business Ethics, 2015, 130 (4): 851 - 867.

[144] Qian G, Li L. Profitability of Small-and Medium-sized Enterprises in High-tech Industries: The Case of the Biotechnology Industry [J]. Strategic Management Journal, 2003, 24 (9): 881 - 887.

[145] Rentschler J, Kornejew M. Energy Price Variation and Competitiveness: Firm Level Evidence from Indonesia [M] //Fossil Fuel Subsidy Reforms. Routledge, 2018: 75 - 106.

[146] Ren X, Lu Z, Cheng C, et al. On Dynamic Linkages of the State Natural Gas Markets in the USA: Evidence from an Empirical Spatio-temporal Network Quantile Analysis [J]. Energy Economics, 2019, 80: 234 - 252.

[147] Richardson A J, Welker M, Hutchinson I R. Managing Capital Market Reactions to Corporate Social Resposibility [J]. International Journal of Management Reviews, 1999, 1 (1): 17 - 43.

[148] Roychowdhury S. Earnings Management Through Real Activities Manipulation [J]. Journal of Accounting and Economics, 2006, 42 (3): 335 - 370.

[149] Rubin A. Corporate Social Responsibility as a Conflict between Owners [J]. 2005.

[150] Saeidi S P, Sofian S, Saeidi P, et al. How does Corporate Social Responsibility Contribute to Firm Financial Performance? The Mediating Role of Competitive Advantage, Reputation, and Customer Satisfaction [J]. Journal of Business Research, 2015, 68 (2): 341 - 350.

[151] Seo M H, Shin Y. Dynamic Panels with Threshold Effect and Endogeneity [J]. Journal of Econometrics, 2016, 195 (2): 169 - 186.

[152] Servaes H, Tamayo A. The Impact of Corporate Social Responsibility on Firm Value: The Role of Customer Awareness [J]. Management Science, 2013, 59 (5): 1045 - 1061.

[153] Sheng X S, Thevenot M. Quantifying Differential Interpretation of Public Information Using Financial Analysts' Earnings Forecasts [J]. International Journal of Forecasting, 2015, 31 (2): 515 - 530.

[154] Sims R R. The Challenge of Ethical Behavior in Organizations [J]. Journal of Business Ethics, 1992, 11 (7): 505 - 513.

[155] Skard S, Thorbjørnsen H. Is Publicity always Better than Advertising? The Role of Brand Reputation in Communicating Corporate Social Responsibility [J]. Journal of Business Ethics, 2014, 124 (1): 149 - 160.

[156] Smolarski J M, Vega J G. Extreme Events: A Study of Small Oil and Gas Firms [J]. Accounting & Finance, 2013, 53 (3): 809 - 836.

[157] Stein J C. Efficient Capital Markets, Inefficient Firms: A Model of Myopic Corporate Behavior [J]. The Quarterly Journal of Economics, 1989, 104 (4): 655 - 669.

[158] Streimikiene D, Simanaviciene Z, Kovaliov R. Corporate Social Responsibility for Implementation of Sustainable Energy Development in Baltic States [J]. Renewable and Sustainable Energy Reviews, 2009, 13 (4): 813 - 824.

[159] Surroca J, Tribó J A, Waddock S. Corporate Responsibility and Financial Performance: The Role of Intangible Resources [J]. Strategic Management Journal, 2010, 31 (5): 463 - 490.

[160] Tang Z, Hull C E, Rothenberg S. How Corporate Social Responsibility Engagement Strategy Moderates the CSR - financial Performance Relationship [J]. Journal of Management Studies, 2012, 49 (7): 1274 - 1303.

[161] Terziovski M. Innovation Practice and its Performance Implications in Small and Medium Enterprises (SMEs) in the Manufacturing Sector: A Resource-based View [J]. Strategic Management Journal, 2010, 31 (8): 892 - 902.

[162] Torugsa N A, O'Donohue W, Hecker R. Capabilities, Proactive CSR and Financial Performance in SMEs: Empirical Evidence from an Australian Manufacturing

Industry Sector [J]. Journal of Business Ethics, 2012, 109 (4): 483 -500.

[163] Tran K C, Tsionas E G. GMM Estimation of Stochastic Frontier Model with Endogenous Regressors [J]. Economics Letters, 2013, 118 (1): 233 -236.

[164] Turban D B, Greening D W. Corporate Social Performance and Organizational Attractiveness to Prospective Employees [J]. Academy of Management Journal, 1997, 40 (3): 658 -672.

[165] Verrecchia R E. The Rapidity of Price Adjustments to Information [J]. Journal of Accounting and Economics, 1980, 2 (1): 63 -92.

[166] Verwijmeren P, Derwall J. Employee Well-being, Firm Leverage, and Bankruptcy Risk [J]. Journal of Banking & Finance, 2010, 34 (5): 956 -964.

[167] Vitell S J, Nwachukwu S L, Barnes J H. The Effects of Culture on Ethical Decision-making: An Application of Hofstede's Typology [J]. Journal of Business Ethics, 1993, 12 (10): 753 -760.

[168] Waddock S A, Graves S B. The Corporate Social Performance-financial Performance Link [J]. Strategic Management Journal, 1997, 18 (4): 303 -319.

[169] Waheed A, Yang J. Effect of Corporate Social Responsibility Disclosure on Firms' Sales Performance: A Perspective of Stakeholder Engagement and Theory [J]. Corporate Social Responsibility and Environmental Management, 2019, 26 (3): 559 -566.

[170] Wang H, Qian C. Corporate Philanthropy and Financial Performance: The Roles of Social Expectations and Political Access [J]. Academy of Management Journal, 2011, 54 (6): 1159 -1181.

[171] Wang X, Cao F, Ye K. Mandatory Corporate Social Responsibility (CSR) Reporting and Financial Reporting Quality: Evidence from a Quasi-natural Experiment [J]. Journal of Business Ethics, 2018, 152 (1): 253 -274.

[172] Wood D J. Corporate Social Performance Revisited [J]. Academy of Management Review, 1991, 16 (4): 691 -718.

[173] Xin K K, Pearce J L. Guanxi: Connections as Substitutes for Formal Institutional Support [J]. Academy of Management Journal, 1996, 39 (6): 1641 -1658.

[174] Yuan Y, Tian G, Lu L Y, et al. CEO Ability and Corporate Social Responsibility [J]. Journal of Business Ethics, 2019, 157 (2): 391-411.

[175] Yu F F. Analyst Coverage and Earnings Management [J]. Journal of Financial Economics, 2008, 88 (2): 245-271.

[176] Zang A Y. Evidence on the Trade-off between Real Activities Manipulation and Accrual-based Earnings Management [J]. The Accounting Review, 2011, 87 (2): 675-703.

[177] Zhang D, Cao H, Dickinson D G, et al. Free Cash Flows and Overinvestment: Further Evidence from Chinese Energy Firms [J]. Energy Economics, 2016, 58: 116-124.